KB060407

지평 ESG총서 ❶

주주행동주의와
스튜어드십 코드

법무법인(유한) 지평 | 스튜어드십 코드 TF

박영사

머리말

바야흐로 ESG의 시대이다.

코로나 팬데믹 이후 ESG는 세계적 화두가 되었다. 주주행동주의(shareholder activism)와 스튜어드십 코드(stewardship code)는 ESG와 맥을 같이 하고 있다. ESG를 움직이는 중요한 수단이기도 하다.

ESG는 2006년 UN 책임투자원칙(PRI)이 계기가 되었다. PRI에 참여하는 투자자들은 ESG(환경, 사회, 지배구조)를 고려하는 투자를 해야 한다(PRI 제1원칙). 나아가 행동적 주주(active owners)가 될 것을 약속해야 한다(PRI 제2원칙). 행동적 주주이론은 2008년 금융위기를 거치며 스튜어드십 코드로 발전했다. 단기수익을 노리는 자본시장, 기업가치에 아무런 영향도 주지 못하는 투자에 대한 반성적 고려가 일어난 것이다. 투자자들은 고객이 맡긴 돈을 집사(steward)처럼 최선을 다해 관리해야 한다는 스튜어드십 코드가 세계적으로 확산되었다. 2010년 영국을 필두로 캐나다(2010년), 네덜란드(2011년), 이탈리아(2013년), 일본(2014년), 말레이시아(2014년), 홍콩(2015년), 한국(2016년) 등이 스튜어드십 코드를 도입했다.

코로나19라는 초유의 팬데믹 상황은 이러한 흐름을 증폭시키고 있다. 세계 최대 자산운용사인 블랙록 회장이 보낸 연례서한도 그 예이다. 블랙록은 2020년 말 기준 운용자산액이 8조6800억달러(9,600조원)에 달하고, S&P 500 기업 지분을 평균 7.5%나 보유하고 있다. 블랙록 래리 핑크 회장은 연례서한에서 "우리가 관리하는 대부분의 돈은 교사, 소방관, 의사, 사업가, 수많은 개인과 연금 수혜자들을 위한 퇴직금"이라며 "고객과 투자기업의 연결고리로서 우리는 고객들을 옹호해야 할 책임이 있다"는 말로 서한을 시작했다. 바로 스튜어드십(stewardship)을 강조하는 이야기다.

투자자들의 경영개입은 과도하다면서 스튜어드십은 연금사회주의라는 비난도 있었다. 하지만 스튜어드십은 어느새 국제적으로 대세가 되었다. 주주행동주의가 헤지펀드를 계기로 약탈자본이라는 비난을 받기도 했다. 하지만 이제는 보수적 기관투자자를 비롯한 투자자들의 행동원칙이 되었다. 연기금뿐 아니라 대부분의 금융기관, 경영참여형 사모펀드(PEF) 모두 스튜어드십 코드를 제정하고 적극적으로 주주권을 행사하기 시작했다.

스튜어드십은 최근 2.0시대를 맞고 있다.

선진국의 흐름은 스튜어드십을 보다 '명확한 구체적인 목적'(Purpose)으로, 주식뿐 아니라 채권이나 대체투자까지 보다 '다양한 자산(Asset Class)'에 대해, 지배구조뿐 아니라 '사회와 환경'(ESG) 주제까지 아우르는 '폭넓은 활동'을 바탕으로, 이에 대한 '활동 공개'도 적극적으로 수행하는 단계로 발전하고 있다. 영국에서 2020. 1. 1.부터 시행된 개정 스튜어드십 코드를 보면 명확하다. 이제 영국의 스튜어드십 코드 참여기관들은 FRC(재무보고위원회)가 마련한 보고기준에 부합하는 활동보고서를 제출해야 하고, 이에 부합하지 못할 경우 코드 참여기관으로 인정받지 못한다. 스튜어드십을 보다 강력히 작동시키겠다는 취지이다. 영국이나 일본은 정부가 강력히 주도하는 스튜어드십 코드를 제정한 것에 반하여, 한국은 민간의 자율규범으로 스튜어드십을 도입하였다. 한국의 스튜어드십 코드는 아직 기관들이 스튜어드십을 제정하고 선언한 뒤, 지배구조에 관여하는 수준의 소극적 단계에 머물러 있다.

주주행동주의도 기업에 대한 주주관여(engagement)로 발전하고 있다.

투자자들은 기업가치에 영향을 미치는 이슈에 대하여 직접 관여하기 시작했다. 관련 정보의 공개를 요구하고, 나아가 의결권 행사를 하며, 관련 이사들의 책임을 묻기도 한다. 블랙록은 주식을 보유하는 '모든' 기업의 주주총회에서 투표하는 것을 목표로 한다고 밝히고 있다. 투자기관은 주주총회에서의 권리 행사 외에도 일상적으로 정보공개를 요구하고 주요사안에 대해서는 경영에 대한 적극적 의견을 표명하기도 한다. 예를 들어 네덜란드 연기금은 한국전력에 베트남 및 인도네시아에서 이루어진 석탄발전 투자를 계속 문제 삼다가, 한전이 이를 철회하지 않는다는 이유로 7%에 달하는 보유지분을 전량 처분하였다.

주주행동주의와 스튜어드십은 ESG와 결합하기 시작했다.

영국의 개정 스튜어드십 코드에서는 환경·사회·지배구조(ESG)를 더욱 고려할 것을 강조하고 있다. ESG투자는 코로나를 거치면서 세계적 흐름이 되고 있다. 특히 기후변화는 기업환경의 중요한 문제로 등장했다. 블랙록은 기후변화를 고려해 투자 포트폴리오를 바꾸겠다고 선언했다. 국내 금융기관들도 연이어 석탄발전에 투자하지 않겠다는 '탈석탄 금융선언'을 하고 있다. 기업에 대한 사회적 책임(CSR)을 강조하는 것에서 한걸음 나아가 기업과 관련된 다양한 사회 이슈가 기업의 경쟁력과 연관되고 있다. 인적 자본, 근로환경, 안전과 보건, 소비자책임, 인권경영, 지역사회와의 관계 등이 중요한 이슈가 되고 있다. 투명한 지배구조, 이해관계자와의 소통은 가장 핵심적인 과제다. ESG는 일시적 유행이 아니라 자본시장의 패러다임의 변화로 평가된다. 기업에게는 위기이자 기회이다. 소극적이고 방어적인 차원에서 벗어나 적극적이고 능동적 대응이 필요하다.

이 책은 주주행동주의와 스튜어드십을 관련 전문가들이 체계적으로 정리한 최초의 책이다.

우선 주주행동주의 및 스튜어드십의 개념과 역사를 다루고 있다. 이를 통해 주주행동주의를 보는 시각을 정립하기를 기대한다. 나아가 주주행동주의와 관련된 다양한 이슈들을 관련 전문가들이 소개하고 종합적으로 정리하였다. 자본시장의 공시와 관련하여, 공정거래법의 기업결합과 관련하여 주주행동주의를 설명하였다. 주주행동주의는 M&A시장의 변화를 가져오며 M&A로 이어질 수 있으므로 관련 장에서는 이 부분을 설명하였다. 주주행동주의로 인하여 일어날 수 있는 대표소송을 비롯한 각종 법적 절차 및 PEF 등 집합투자기구와 주주행동주의에 대하여도 정리하였다.

주주행동주의 및 스튜어드십 코드로 기업에게 ESG를 요구하는 시대가 되었다. 이렇게 자본주의 및 시장의 큰 변화가 일어나고 있다. 이 책이 모쪼록 투자기관 및 기업들에게 도움이 되기를 바라며 이 책을 내는데 함께 한 전문가들에게 깊은 감사의 인사를 드리고 싶다.

법무법인 지평은 ESG센터를 설립하여 ESG 전략 수립, 경영자문을 비롯하여 ESG와 관련된 개별 요소들, E와 관련된 기후변화와 기업환경의 변화, 환경정책 수립, 환경제품 및 사업구조 개편과 관련된 컨설팅 및 자문, S와 관련된 인권경영, EHS(환경, 안전, 보건), 소비자 및 제조물책임, 지역사회와의 관계 및 사회공헌 자문, G와 관련된 지배구조 자문 및 이해관계자 소통자문 등을 전문적으로 수행하고 있다. 앞으로 지평 ESG센터는 해당 이슈들을 관계자들이 쉽게 이해할 수 있도록 다양한 도서를 발행하여 우리 기업들이 기업가치를 높이고 국제사회에서 경쟁력을 가질 수 있도록 최선을 다해 도울 예정이다.

[법무법인(유) 지평 대표변호사, 지평ESG센터 센터장]
임성택 변호사

차 례

PART 4 주주행동주의와 M&A

서준희 · 곽은비

PART 5 주주행동주의적 관점에서 일어날 수 있는 가처분, 소송들의 형태와 주요·쟁점, 판례들

김동아 · 이유진

PART 6 집합투자기구와 주주행동주의

채희석 · 김진하

PART 1

주주행동주의와 스튜어드십 코드
- 기업지배구조에서 ESG로 -

문수생

파트너 변호사. 고려대학교 법학전문대학원 겸임교수. 1997년부터 21년간 인천지방법원, 서울고등법원 등 판사를 거쳐 광주지방법원과 서울남부지방법원 부장판사를 역임하였다. 법무법인(유) 지평에 합류하여 금융, 노동, 자본시장법, 형사 관련 분야 사건을 담당하며, 위기관리팀 팀장으로도 활동하고 있다.

민창욱

파트너 변호사. 고려대학교 철학과 및 서울대학교 법학전문대학원을 졸업하였고, 최근 UC버클리 공공정책대학원에서 석사학위(MPA)를 취득하였다. 법무법인(유) 지평 ESG센터와 공공정책팀에서 기업의 지속가능성, ESG, 컴플라이언스와 관련된 업무를 수행하고 있다.

박봉규

변호사. 법무법인(유) 지평에서 금융, 증권, 보험, 건설·부동산, 자본시장, 형사 분야의 업무를 수행하고 있다.

주주행동주의와 스튜어드십 코드
- 기업지배구조에서 ESG로 -

1. 들어가며

1997년 외환위기 이후 주식시장과 채권시장이 외국인에게 본격적으로 개방되면서 국내 대기업들은 줄곧 외국계 행동주의 헤지펀드의 목표물이 되었다. 타이거매니지먼트의 SK텔레콤에 대한 부당이익환수 등 요구(1999년), 소버린운용의 SK(주)에 대한 경영진교체 등 요구(2003년), 칼 아이칸의 KT&G에 대한 자사주매입 배당확대 등 요구(2006년), 엘리엇매니지먼트의 삼성물산에 대한 정관변경 등 요구(2015년) 등이 대표적으로 거론되는 사례들이다. 이들 대부분은 재벌들의 회계관리관행과 지배구조의 약점에서 파생된 여러 이슈들을 쟁점화하여 지분 경쟁 또는 경영권 분쟁 구조를 유도한 후 막대한 이익을 챙긴 후 떠나는 모습들을 보여주었다. 이러한 외국계 행동주의 헤지펀드의 활동에 대하여 '먹튀', '약탈자본'이라는 부정적 평가와 자본유출에 대한 강한 우려가 동반된 것은 사실이지만 국내 기업들의 지배구조개선과 소수주주에 대한 인식 전환의 계기가 된 것 역시 부인할 수 없다.

이들 외국계 행동주의 헤지펀드와 별개로 지분확보를 통해 대주주나 경영진에 대한 목소리를 높이는 국내 경영참여형 사모펀드(PEF)들의 움직임도 활발해지고 있는 양상이다. 2009년만 해도 110개 정도이던 PEF는 2018년 상반기

기준으로 444개로 늘어났고 사모펀드 시장규모도 2014년 204조 원에서 2019년 478조 원으로 크게 성장하였다.[1] 최근 한진칼 경영권 분쟁과 관련한 KCGI의 활동은 토종 행동주의 펀드의 다양한 모습을 볼 수 있는 좋은 학습현장이라고 할 것이다.

행동주의 펀드와 다른 측면에서 요즘 가장 뜨거운 이슈 중의 하나가 바로 스튜어드십 코드 도입에 따른 기관투자자들의 역할에 대한 논의이다. 2008년 금융위기를 겪으면서 기관투자자들이 투자대상회사의 리스크 관리를 제대로 하지 못한 것에 대한 반성적 고려에서 시작된 논의는, 대주주들인 기관투자자들이 오너처럼 책임감을 가지고 기업경영에 관여해야 한다는 영국의 워커보고서 등을 통해 '스튜어드십 코드'라는 자율규범의 형식으로 구체화되었고, 미국에서는 2010년 금융개혁법을 통해 그 내용을 강제하는 방향으로 진행되었다. 이후 여러 나라에서 기업가치 상승을 위한 주주행동주의의 일환으로, 수탁자 지위에 있는 연기금 등 기관투자자들이 투자대상 회사의 의결권 행사와 관련하여 일정한 역할과 책임을 부담하여야 한다는 점을 강조하는 일련의 정책들이 만들어지고 있다. 우리나라에서는 2015년 3월 '스튜어드십 코드' 제정위원회가 출범한 후 2016년 12월 5일 공청회를 가졌고, 같은 달 16일 '기관투자자의 수탁자 책임에 관한 원칙'이라는 명칭으로 한국형 스튜어드십 코드가 민간 자율규정 형태로 제정되어 현재 그 적용범위를 확대해가는 추세이다.

이러한 변화된 상황들은 당연하게 기업의 지배구조나 경영환경에 직접적인 영향을 주고 있다. 그에 따라 기존 주주행동주의 펀드는 물론이고 스튜어드십에 참여하는 기관투자자들, 그 대상이 되는 기업들 내부에서 변화된 환경에 대응하기 위한 다양한 논의들이 진행되고 있는 것이 현실이다. 이하에서는 논의의 중심에 있는 주주행동주의와 스튜어드십에 대한 내용을 살펴보고 그들간의 상호관계를 비교하는 한편 광의의 주주행동주의가 자본시장이나 기업경영에 미치는 영향에 대하여 논의하도록 하겠다.

---

1) 차완용, "'토종행동주의 · 스튜어드십 코드' 지배구조, 새로운 투자 테마로", 한경BUSINESS(2019. 1. 7.).

2. 주주행동주의 개관

가. 주주행동주의의 의의

주주행동주의(shareholder activism)는 그 전개과정, 행위 주체의 다양함 만큼이나 다양한 방법과 내용으로 정의가 이루어지고 있다. "주주권 행사와 같은 공식적 방법 및 비공식적 방법을 통해 지분참가를 하고 있는 회사의 영업방향 및 정책에 대해 적극적으로 영향력을 행사하려는 소수주주의 행위 양태",[2] "성과가 낮은 기업의 경영활동에 적극적으로 개입하여 주주와 경영자간에 발생하는 대리인 문제를 완화하고 경영성과를 제고함으로써 기업가치를 높이는 것",[3] "기업지배구조를 개선한다는 명분으로 주주로서의 기관투자자가 기업의 의사결정에 적극적으로 영향력을 행사하여 자신의 투자이익을 추구하는 행위"[4]등의 정의에서 볼 수 있듯 기존의 다양한 주주행동주의를 일의적이고 통일적으로 정의하기는 쉽지 않다. 다만, 아주 포괄적으로 소수주주나 사모펀드, 기관투자자와 같은 '주주'들이 경제적 이익이나 사회적 가치 실현과 같은 '특정한 목적'을 가지고, 다양한 방식으로 '기업의 의사결정 등에 개입'하여 '영향력'을 행사하려는 일련의 '활동'을 일컫는 것으로 이해할 수 있다.

1940년대 시민운동의 일환으로 시작된 미국의 주주행동주의는 1960년대, 1970년대를 거치면서 흑인의 인권문제, 평등한 고용기회의 문제, 반전문제, 환경문제 등을 이슈로 기업의 사회적 책임을 강조하는 소수주주들의 활동으로 전개되었다. 1980년대 들어 투기자본, 기업사냥꾼을 중심으로 단기 차익을 추구하거나 적대적 M&A를 통해 이익을 추구하는 소위 '약탈적 주주행동주의'가 기승을 부리다가 1980년대 후반부터는 기업의 이윤추구와 사회적 책임 양자의 양립을 전제로 하는 '기관투자자 주주행동주의'가 등장[5]하게 되고, 이후 다양

2) 정대익, "주주행동주의의 법적 한계", 경영법률제27권 제2호(2017. 1.), 235면.
3) 서완석, "주주행동주의의 문제점과 대처방안", 성균관법학 제26권 제1호(2014. 3.), 196면.
4) 최준선, "주주행동주의에 대한 대응방안", 기업법연구 제33권 제3호(2019. 9.), 254면.

한 형태의 주주행동주의가 다양한 목적하에 동시 다발적으로 활동하는 모습을 목격할 수 있게 된다.

나. 우리나라에서 주주행동주의의 전개 과정

1) '약탈적 주주행동주의'의 등장 - 헤지펀드의 단기수익 추구

우리나라에서 주주행동주의가 모습을 보이기 시작한 것은 1997년 외환위기 이후이다. 1992년 1월 주식시장이 부분 개방되고 1994년 7월 채권시장도 부분 개방되었지만 외국정부 또는 외국인의 주식취득 한도 등으로 외국자본의 국내유입은 아주 제한적이었다. 그런데 1997년 외환 위기의 영향으로 1997년 12월 채권시장이 전면 개방되고 이듬해인 1998년 5월 주식시장마저 전면 개방되자 외국자본들이 대거 유입되었고, 그 중 일부가 '약탈적 주주행동주의'의 모습으로 우리나라 자본시장에 등장하게 된다.

대한상공회의소는 1997년부터 2004년까지의 헤지펀드의 주주행동주의 행태의 사례를 분석하여, ① 경영권을 위협하여 단기차익을 챙기는 사례, ② 불공정한 거래를 요구하는 사례, ③ 부적절한 경영간섭 사례로 유형화하였는데,[6] 경영권을 위협하여 단기차익을 챙기려 한 사례 중 가장 대표적인 것이 소버린과 SK㈜간의 경영권 분쟁이다. 2003. 4. 영국계 펀드회사인 소버린자산운용은 "주주가치를 확립하며 SK㈜를 한국에서 기업 지배구조의 모델 기업으로 바꾸"겠다는 명분하에 자회사인 크레스트증권을 통해 SK㈜ 발행주식 1,902만 8,000주를 사들이게 된다. 당시 소버린자산운용은 재벌집단에 대한 한국인들의 반감을 이용하여 기업지배구조 개선을 명분으로 정상적인 투자 형식으로 들어왔다. 그러나 그 이면에는 총수 일가의 지분이 적었던 지배구조와 경영진이 검찰 수사와 재판을 받고 있는 상황적인 어려움을 이용하여 경영권 위협 등의 방법으로 단기 투자이익을 얻으려는 목적이 숨어 있었다. 소버린은 이후 약 2년 3개

---

5) 미국 주주행동주의의 전개와 관련하여서는 서완석, 앞의 논문, 202 – 208면.
6) 서완석, 앞의 논문, 217면.

월 동안 경영투명성 제고 등을 내세워 회장의 퇴진 등 경영진 전면 교체 및 기업지배구조 개선, 계열사 청산 등을 요구하는 모습을 보였지만, 2005. 7. 18. 주식 전량을 처분하고 주식매매 차익과 배당금, 환차익을 합산해 9,437억 원에 이르는 수익을 올리고 바람처럼 철수하기에 이른다.[7] 소수 지배주주들을 중심으로 한 폐쇄적이고 수직적인 경영 형태, 그에 수반하여 발생할 수 있는 횡령, 배임 등의 법률적 이슈에 취약한 대기업의 지배구조를 노린 외국 투기자본의 '약탈적 주주행동주의'는 1999년 타이거펀드-SK텔레콤, 2004년 헤르메스펀드-삼성물산 사건, 2015년 엘리엇-삼성물산 사건 등에서 보듯 비정상적이고 취약한 틈만 있으면 언제, 어디서든 등장할 수 있을 것이다.

2) '가치지향적 주주행동주의'의 전개 - 참여연대의 소액주주 운동

한편, 1997년 초 '약탈적 주주행동주의'와 정반대 측면에서 시민단체 중심으로 기업운영의 투명성 제고 및 재벌개혁을 위한 '소액주주운동'을 시작하였다. 이들은 외환위기의 원인을 대기업과 정치권의 유착, 폐쇄적이고 온정적인 기업운영 관행, 대기업에 대한 주주들의 감시 부족 등에서 비롯되었다고 주장하였다. 이들을 편의상 '가치지향적 주주행동주의'라고 정의할 수 있을 것이다. 참여연대는 1997년 2월 장하성 교수를 위원장으로 하여 경제민주화위원회를 구성한 후 1997. 3. 4. 개최한 소액주주운동 정책토론회에서 ① 소액주주의 권리와 이익을 공동으로 지켜낸다, ② 소액주주의 권리를 행사하여 주식회사의 시장감시기능을 활성화한다, ③ 금융/증권시장의 자율감독기능을 높혀서 시장을 정상화하는 데에 기여한다, ④ 상장기업의 경영투명성을 확보하여 대주주의 일방적인 경영을 견제한다, ⑤ 공개기업에 대한 정부의 부당한 경영간섭에 대하여 주주와 경영진을 보호한다, ⑥ 기업이 부정·부패의 원인을 제공하는 행위를 감시 및 견제한다, ⑦ 대주주나 경영진의 반시장경제적인 전횡을 견제, 감독한다, ⑧ 소유와 경영이 분리된 우량기업의 경영권을 보호한다는 것을 목적으로 밝히며 소액주주운동[8]의 시작을 알린다. 1997년 제일은행 주주총회에

---

7) 김지현, "2005년 소버린, SK그룹 압박 1조 원 챙겨", 동아일보(2015. 6. 6.).

서 한보철강 부실대출 경위 등을 따져 물으며 소액주주운동의 기치를 올렸고, 1998년 삼성전자 주주총회에서는 전환사채 발행 무효화, 지배구조 개혁 등을 요구하면서 해외의 위장회사를 이용해 삼성자동차에 지급보증한 사실 등에 관한 추궁을 이어간 장하성 교수는 2006년 제일모직 소액주주 2명과 함께 이건희 삼성전자 회장을 상대로 '에버랜드 전환사채 인수를 포기하게 해 제일모직에 손해를 끼쳤다'며 주주대표 소송을 제기하여 약 130억 원의 배상 판결을 이끌어 내기도 했다.

　　IIMF 외환위기로 우리나라 재벌기업의 지배구조 문제가 사회의 관심을 받으면서 참여연대가 제안한 소액주주운동은 큰 호응을 얻게 되었고, 2006. 8. 24. 참여연대에서 경제개혁연대가 분리된 후에는 경제개혁연대가 그 바통을 이어받아 다양한 '가치지향적 주주행동주의'활동을 전개하게 되는데, 참여연대 및 경제개혁연대가 전개한 주요활동은 다음과 같다.

〈표 1〉 참여연대 및 경제개혁연대의 주요 활동[9]

일자	내용
1997. 6. 3.	제일은행 대표소송
1997. 6. 24.	삼성전자 전환사채발행 무효청구소송
1998. 10. 20.	삼성전자 대표소송
1999. 10. 12.	현대전자 주가조작 손해배상청구소송
1999. 11. 17.	삼성 SDS BW 저가발행 배임죄 고소
2003. 1. 8.	SK JP모건 이면계약 배임죄 고발
2003. 1. 27.	LGCI 대표소송
2005. 8. 3.	대상 대표소송
2005. 10. 31.	삼성 SDS BW 저가발행 배임죄 특검 고발

---

8) 장하성, "소액주주 권리 운동의 의의와 실천 방안", 참여연대 정책토론회 자료집(1997. 3.), 1-3면.
9) 송옥렬, "기업경영에서 법치주의의 확산", 서울대학교 법학 제55권 제1호(2014. 3.), 74면.

2006. 4. 3.	제일모직 대표소송
2006. 4. 11.	글로비스 / 신세계 배임죄 고발
2008. 4. 18.	신세계 대표소송
2008. 5. 21.	현대자동차 대표소송
2010. 5. 19.	한화 대표소송

특히 참여연대와 경제개혁연대가 주된 실천적인 방법으로 사용한 주주대
표소송(상법 제403~406조)은 당시까지만 해도 소를 제기할 유인이 낮을 뿐만 아
니라 소수주주 입장에서 법정 요건을 맞추기 어려워 거의 사문화되어 있던 것
들이었는데, 참여연대와 경제개혁연대가 주주운동을 통해 법원으로부터 다수
의 판결을 이끌어냄으로써 대기업집단의 지배구조 개선뿐만 아니라 법리 정립
과 회사법 발전에 일정한 기여를 하였다는 평가를 받고 있다.[10]

3) '기관투자자 주주행동주의' - 공적연금의 적극적 역할에 대한 요구

일정한 사회적 가치를 지향하는 소수주주들을 중심으로 하는 '가치지향적
주주행동주의'와 일부 헤지펀드나 투기적 자본이 주도하는 '약탈적 주주행동주
의' 사이에 기관투자자들을 중심으로 하는 '기관투자자 주주행동주의'가 있다.
과거 기관투자자들은 단순히 주식차익 중심의 단기적인 자본운영, 기업경영 참
여를 경영권 침해로 인식하는 보수적인 투자문화 등으로 인해 어떤 목적을 위
하여 적극적으로 의결권을 행사하는 주주행동주의의 모습을 찾아 보기는 쉽지
않았다. 경제개혁연구소가 매년 기관투자자들의 의결권행사 현황을 발표하고
있고, 한국기업지배연구원도 2012년부터 의결권행사 가이드라인을 제정하여
기관투자자들에게 의결권행사지침을 제시하고 있으며, 금융감독원과 금융투자
협회가 2008년 주주가치제고와 펀드투자자에 대한 의무를 담은 '자산운용사 의
결권 행사 가이드라인'을 제시하기도 하였지만 국내 대형 기관투자자들 대부분

---

10) 송옥렬, 앞의 논문, 74면.

이 재벌기업이나 금융지주사에 소속되어 있는 등의 한계로 의미 있는 주주행동주의 활동이 이루어지지 못하였다.[11]

민간 기관투자자들이 위와 같은 한계로 인하여 시대적인 변화에 뒤쳐지는 기업활동에 대한 제대로 된 견제를 하지 못하는 상황이 지속되자 국민연금과 같은 공적연기금의 적극적인 역할을 주문하는 의견들이 강하게 대두되었다. 국민연금이 그 소유 주식의 의결권을 강화하여 대기업 경영진을 견제하여야 하는 입장에 대하여 당해 기업의 장기적인 성장잠재력을 훼손할 가능성이 있다거나 특정 지배구조를 염두에 두는 것이 바람직한 것인지 등을 논거로 우려를 제기하는 견해도 있지만 대기업 경영에 대한 국민들의 불신이 여전하고 민간 기관투자자들의 역할이 미약한 상황에서 국민연금과 같은 공적연기금의 '목적의식적인 주주활동'에 대한 기대는 더욱 커질 수 있다고 할 것이다. 실제로 국민연금은 2013년 이후 많은 대기업 주총에서 이사 재선임을 반대하는 등 이전보다 더 적극적으로 의견을 제시하며 의결권을 행사하고 있다. 이와 같은 공적연기금의 활동은 '스튜어드십 코드'의 도입을 계기로 더 활성화될 것으로 예상된다.

다. 주주행동주의의 특성과 한계

주주행동주의는 앞서 본 다양한 형태의 정의에서 보듯 매우 개별적인 모습으로 세상에 자신의 모습을 드러내고 있다. 특정 목적, 가치를 추구하는 데에서 시작된 소수주주들의 주주행동주의는 자본 그 자체의 속성에 충실하게 헤지펀드 등 일부 투기자본을 중심으로 국적을 초월하여 극단의 이익을 추구하는 쪽으로 방향을 틀었다가 현 시점에서는 기본적으로 투자이익에 충실하면서도 투자의 흐름을 주도하는 기관투자자들을 중심으로 가치와 이익 추구를 조화시키려는 움직임이 포착되고 있다. 주주행동주의의 대상도 특정 시점의 특정 목적, 또는 특정 이슈를 이용한 단기적인 차익 추구 등에서 투자대상회사의 경영

---

11) 서완석, 앞의 논문, 217-218면.

전반에 대한 견제와 접근, 장기적인 관심에서의 가치와 이익 추구로 변화되는 양상을 보이고 있다. 이러한 변화의 필요성과 불가역성에 대한 인정이 주류적인 입장이기는 하지만 그 이면에는 과연 주주행동주의가 주주로서의 한계를 벗어날 수 있는지, 경영권에 관한 지나친 견제와 간섭으로 인한 부작용 등에 대한 우려를 불식시킬 수 있는지 등 지적이 있는 것도 사실이다.

주주행동주의의 한계와 관련하여서는 ① 주인이 원하는 바와 대리인이 원하는 바가 다를 수 있다는 대리인 문제, 주주행동주의에 참여하지 않은 주주에 대한 불고려와 이익추구를 위한 경영진과의 공모 문제, 수탁자는 위탁자에게 종속될 수밖에 없는 문제 등에서 오는 기관투자자와 펀드 자체의 속성에서 오는 한계, ② 주주행동주의 활동과 관련한 여러 법적 규제의 문제, 특정 회사 정보에 대한 접근가능성이 많은 강력한 펀드매니저들의 참여 유인부족 문제, 무임승차 문제 등에서 오는 주주행동주의 수익모델 추구 자체에서 오는 한계, ③ 주주간의 주식보유 기간과 성향에 대한 차이, 임원이나 근로자 등 회사 내부 소속 주주들과 외부 주주들의 입장 차이 및 이해상충의 문제, 수탁자 기준에 의한 통제를 받는 공적연기금 등 기관투자자들과 그러한 제한을 받지 않은 일반 주주들의 차이에서 오는 문제, 주주들의 사적 이익 추구에 따른 기회주의적 행동 때문에 수반되는 문제 등 투자성향과 입장을 달리하는 다양한 주주들간의 이해관계 차이에서 오는 한계 등이 지적되고 있다.[12]

그러나 스튜어드십 코드 도입을 계기로 기관투자자들의 역할이 더욱 중요해지게 되었고, 시대적 요청에 따라 환경과 사회적 책임, 투명한 기업지배구조가 투자와 기업경영의 새로운 모토가 됨에 따라 주주행동주의 역시 또 다른 의미와 모습으로 우리에게 다가올 것으로 보인다.

---

12) 서완석, 앞의 논문, 219-225면.

2. 스튜어드십 코드 개관

가. 스튜어드십 코드의 의의 및 ESG[13]로의 확대

스튜어드십 코드는 기관투자자들이 '집사'(steward)의 지위에서 고객들이 맡긴 돈을 자신의 재산처럼 최선을 다해 관리·운영해야 한다는 원칙이다. 스튜어드십 코드는 2008년 금융위기를 계기로 기업지배구조에 있어 기관투자자의 역할이나 책임의 중요성이 재인식되면서 그 도입이 본격적으로 논의되기 시작하였다. 2008년 금융위기를 초래한 금융회사의 심각한 부실이 기업지배구조의 실패와 취약성에서 비롯되었고, 투자대상기업에 대한 연기금 등 기관투자자들의 방관과 무관심이 그러한 상황을 야기하는데 적지 않은 역할을 한 것으로 진단되었기 때문이다. 이에 따라 기관투자자에게 자산운용의 관점에서 투자대상기업의 기업가치를 유지·향상시키고, 경영상황을 지속적으로 감시(monitoring)함과 더불어 경영관여(engagement)를 통해 기업지배구조를 개선할 적극적 책임을 부담시키는 시도가 본격화되었다. 영국은 2010년 워커보고서에 기초하여 '기업지배구조 코드'와 '스튜어드십 코드'를 각각 제정하였고, 이후 캐나다(2010년), 네덜란드(2011년), 이탈리아(2013년), 일본(2014년), 말레이시아(2014년), 홍콩(2015년) 등이 스튜어드십 코드를 도입하였다.[14]

최초 영국에서 스튜어드십 코드는 기관투자자들이 주식을 '장기 보유'하면서 '경영관여'를 통해 투자대상기업의 지배구조를 개선할 목적에서 도입되었다.[15] 여기서 '경영관여'(engagement)란 의결권 행사뿐만 아니라 주주제안, 소송

---

13) 기업의 비재무적 요소인 환경(Environment)·사회(Social)·지배구조(Governance)를 뜻하는 말.

14) 김순석, "스튜어드십 코드 도입에 따른 법적 검토 과제", 증권법연구 제17권 제2호(2016), 4, 7면 참조.

15) 황인학·최승재는 "스튜어드십 책임의 핵심은 주식의 장기 보유와 그에 기초한 경영관여 활동이다"라고 서술하고 있다. 황인학·최승재, "주주행동주의, 국민연금과 스튜어드십 코드", 기업법연구 제33권 제2호(2019. 6.), 100면.

제기, 기타 기업의 경영전략 및 위험 관리 등에 대한 이사회와의 비공식적 대화까지 포괄하는 광범위한 주주활동을 지칭한다.[16] 그런데 영국은 2019년 10월 스튜어드십 코드를 2차 개정하면서 스튜어드십의 개념을 "자본의 분배와 관리, 감독을 위해 고객과 수익자에게 장기 가치를 창출하고 경제·환경·사회에 지속가능한 이익을 가져오는 활동"이라고 확대하여 정의하면서, "서명기관은 중요한 환경, 사회 및 기업지배구조 문제, 기후 변화를 포함하여 스튜어드십과 투자를 체계적으로 통합하여 책임을 완수해야 한다"는 내용을 7번째 원칙에 추가하였다.[17] 이는 기업지배구조만을 다루던 종전의 코드(2010년, 2012년)와는 달리, 환경·사회·기업지배구조(ESG: Environmental, Social, Governance) 문제를 투자와 결합하여 스튜어드십이 나아가야 할 새로운 방향을 제시한 것으로 평가할 수 있다.[18]

　　본래 자산투자 시 ESG 요소를 고려해야 한다는 논의는 '책임투자'의 영역에서 시작된 논의이다. UN은 2006년 책임투자원칙(PRI: Principle of Responsible Investment)을 제정하면서 "모든 투자분석 및 의사결정과정에서 ESG 이슈를 반영"(1원칙)하고 "행동적인 주주(active owners)"가 되어 "주주권 행사에 ESG 이슈를 활용한다"(2원칙)고 선언하였다.[19] 제1원칙은 책임투자의 '사전적 전략'으로

---

16) 최문희, "스튜어드십 코드와 기관투자자의 경영관여의 몇 가지 논점 -EU, 영국, 일본법과의 비교를 통하여-", 금융법연구 제16권 제2호(2019), 124면.
17) 영국의 2020년 스튜어드십 코드에 관해서는 이승희, "영국 스튜어드십 코드(2020)와 수탁자책임 활동 공시 강화", 경제개혁연구소 이슈&분석 2020-21호(2020. 2.) 및 황정미, "영국 스튜어드십 코드의 개정과 그 시사점", 동아법학 제88호(2020) 참고.
18) 황정미, "한국 스튜어드십과 주주행동주의의 고찰", 기업법연구 제34권 제3호(2020. 9.), 268면.
19) 원문은 https://www.unpri.org/pri 참조.

UN 책임투자 원칙
1. 우리는 모든 투자 분석과 의사결정 과정에서 ESG 이슈를 반영한다.
2. 우리는 행동적인 주주(active owners)가 될 것이며, 우리의 주주권 행사에 ESG 이슈를 활용한다.
3. 우리는 투자대상에 대하여 적절한 ESG 정보를 요구한다.
4. 우리는 투자 산업에서 책임투자원칙을 준수하고 이행하기 위해 노력한다.
5. 우리는 책임투자원칙의 실행 효과 증진을 위해 협력한다.
6. 우리는 책임투자원칙을 이행하기 위한 각자의 행동과 실천을 보고한다.

투자의사결정이 이루어지기 전 투자대상 기업을 선별하는 과정에서 ESG 정보를 고려하라는 것이고, 제2원칙은 '사후적 전략'으로 이미 투자한 기업에 대하여 ESG 정보를 활용하여 경영관여를 하라는 것이다.[20] 영국에서 최초 스튜어드십 코드는 위 '사후적 전략'(제2원칙)과 관련하여 경영관여를 통해 투자대상 기업의 G(기업지배구조)를 개선하는 방향에 초점을 두고 있었다. 그러나 2020년부터 시행된 영국의 2차 개정 스튜어드십 코드는 ESG와 관련하여 "스튜어드십과 투자를 체계적으로 통합"해야 한다고 규정함으로써 책임투자의 '사전적 전략'(제1원칙) 및 '사후적 전략'(제2원칙)으로 스튜어드십 책임을 확대한 것으로 평가된다.

나. 우리나라에서 스튜어드십 코드의 수용과정과 현황

1) 한국형 스튜어드십 코드의 기본 7원칙

우리나라에서는 금융위원회 주도로 2015년 3월 스튜어드십 코드 제정 위원회가 결성되었고, 2016년 8월 민간 중심의 자율적인 코드 제정이라는 취지를 명확히 하기 위해 금융위원회 중심의 1차 제정위원회가 민간 중심의 2차 제정위원회로 개편되었다. 위 위원회는 4회의 간담회 개최를 통해 다양한 이해관계자의 의견수렴과정을 거치고, 2016년 11월 한 달 간의 공개 의견수렴 절차와 4차례의 제정위원회 회의를 진행한 후, 2016. 12. 19. 한국 스튜어드십 코드 최종안인 '기관투자자의 수탁자 책임에 관한 원칙'을 공표하였다.[21] 공표된 '기관투자자의 수탁자 책임에 관한 원칙'에서는 기관투자자가 "수탁자"로서 책임을 충실히 이행할 수 있도록 지원하기 위해 다음과 같은 7가지의 세부 원칙을 제시하고 있는데 이러한 세부 원칙은 이후 국민연금 등 기관투자자들이 의결권 행사와 관련된 행동지침을 마련하는데 기본적인 준거가 되고 있다.[22]

---

20) 변희섭·문성훈, "사학연금기금의 책임투자 활성화 방안 연구: 스튜어드십 코드의 이행을 중심으로", 사학연금 연구 제3호(2018), 20면 이하 참조.

21) 고려대학교 산학협력단, 국민연금 책임투자와 스튜어드십 코드에 관한 연구(Ⅱ), 국민연금공단 용역보고서 2017-04(2017), 26면.

22) 스튜어드십 코드의 7가지 세부 원칙과 그 구체적 이행 방안에 관하여는 고려대학교 산학협력단,

〈표 2〉 기관투자자 수탁자 책임에 관한 원칙

원칙	내용
1. 수탁자 책임 정책 제정 및 공개	기관투자자는 고객·수익자 등 타인 자산을 관리·운영하는 수탁자로서 책임을 충실히 이행하기 위해 수탁자 책임에 관한 명확한 정책을 마련해 공개해야 한다.
2. 이해 상충 방지정책의 제정 및 공개	기관투자자는 수탁자로서 책임을 이행하는 과정에서 실제 직면하거나 직면할 가능성이 있는 이해 상충 문제를 어떻게 해결할지에 관해 효과적이고 명확한 정책을 마련하고 내용을 공개해야 한다.
3. 투자대상회사 점검	기관투자자는 투자대상회사의 중·장기적인 가치와 지속가능성에 영향을 주는 재무적·비재무적 위험요소를 주기적으로 점검함으로써 위험요소를 사전에 방지하고 투자자산의 가치를 보존하고 높일 수 있도록 하여야 한다.
4. 지침에 따른 주주 활동 수행	기관투자자는 중장기 회사가치 제고를 지향하고, 투자 및 수탁자 책임에 관한 정책 등을 바탕으로 주요 재무, 비재무 경영사항에 관해 투자대상회사와의 공감대를 형성하도록 노력하며, 필요한 경우 수탁자 책임 이행을 위한 활동 전개 시기와 절차, 방법에 대한 내부지침을 마련해야 한다.
5. 의결권 정책 및 의결권 행사 내역·사유 공개	기관투자자는 충실한 의결권 행사를 위한 지침·절차·세부기준을 포함한 의결권 정책을 마련해 공개해야 하며, 의결권 행사의 적정성을 파악할 수 있도록 의결권 행사의 구체적인 내용과 그 사유를 함께 공개해야 한다.
6. 수탁자 책임 이행 내역 공시	기관투자자는 의결권 행사와 수탁자 책임 이행 활동에 관해 고객과 수익자에게 주기적으로 보고해야 한다.
7. 역량 및 전문성 강화	기관투자자는 수탁자 책임의 적극적이고 효과적인 이행을 위해 필요한 역량과 전문성을 갖추어야 한다.

　　이러한 시대적 상황을 반영하듯 제19대 대통령 선거에서는 주요 대선 후보가 모두 이 제도의 도입을 공약으로 내세우기도 하였고, 국내 자본시장에서도 스튜어드십 코드의 효과적인 시행과 정착을 유도하기 위해 2017년 6월 한국기업지배구조원은 "한국 스튜어드십 코드 제1차 해설서"를, 금융위원회는 "스튜어드십 코드 관련 법령해석집"을 각 발간·배포하기도 하였다.

　　한편 '기관투자자의 수탁자 책임에 관한 원칙'은 ESG를 고려한 책임투자의 내용을 일부 반영하고 있다. 첫째 원칙인 '1. 수탁자 책임 정책 제정 및 공개'의

　　앞의 책 참조.

경우, 수탁자 책임 정책에는 기관투자자가 인식하는 수탁자 책임의 기본 원칙 및 책임의 이행방법 등이 담겨야 한다. 관련하여 '비재무 위험요소 등 관리에 관한 사항'도 수탁자 책임 정책에 포함되므로, 기관투자자가 점검 대상으로 삼는 ESG 위험요소, 이 위험요소와 투자대상회사의 가치 간 관계, 위험관리 원칙과 절차 등을 밝힐 필요가 있다.[23] 셋째 원칙인 '3. 투자대상회사 점검'은 기관투자자가 재무적 정보뿐만 아니라 ESG관련 비재무적 정보에 기초하여 투자대상회사를 감시(monitoring)하는 과정을 의미하며, 이 과정에는 투자대상회사에 대한 정보공시 요구까지 포함된다고 볼 수 있다.[24] 넷째 원칙인 '4. 지침에 따른 주주활동 수행'은 기관투자자가 투자대상회사의 재무 또는 비재무적 사항에 대하여 주주로서 경영관여(engagement)할 수 있는 내부 지침을 수립할 것을 요구하고 있으며, 경영관여 또는 주주활동의 범위에는 투자대상회사에 대한 질의서 또는 의견서 전달, 이사회와의 회의 개최, 주주총회에서의 발언, 주주제안에의 참여, 보도자료 배포, 소송제기 등이 포함된다.[25] 다섯째 원칙인 '5. 의결권 정책 및 의결권 행사 내역·사유 공개'의 경우, 기관투자자는 집합투자기구 유형별로 운용 목표 등에 따라 세부 기준·지침에 차이를 둔 의결권 정책을 마련할 수 있는데, 대표적으로 ESG를 투자의 전 과정에서 고려하는 책임투자형 펀드는 환경·사회적 요소를 적극 감안하는 의결권 행사 가이드라인을 마련하여 적용할 수 있다.[26] 나아가 기관투자자는 ESG를 고려한 감시 또는 경영관여 활동을 고객 또는 수익자에게 지속적으로 보고해야 하며(여섯째 원칙 '6. 수탁자 책임 이행내역 공시'), 기관투자자는 조직 내·외부에서 ESG 전문가 등의 도움을 받아 역량을 강화할 필요가 있다.

2) 국내 3대 연기금의 스튜어드십 코드 도입

그러한 사회경제적 환경 변화와 관련하여 일부 언론과 시민단체들이, 2015

---

23) 한국기업지배구조연구원, 한국 스튜어드십 코드 1차 해설서(2017), 26면.
24) 변희섭·문성훈, 앞의 논문, 23면.
25) 한국기업지배구조연구원, 앞의 책, 39면.
26) 한국기업지배구조연구원, 앞의 책, 47면.

년 제일모직이 삼성물산을 합병하는 과정에서 대표적인 기관투자자인 국민연금이 찬성표를 던진 것과 관련하여, 의결권 행사 결정과정 및 의결권 행사의 적정성에 대한 의문을 계속하여 제기하였다. 이에 국민연금은 2018. 7. 30. 기금운용위원회 회의에서 스튜어드십 코드 도입을 발표하며 의결권 행사의 투명성을 제고하고 기관투자자로서 책임있는 자세를 보이겠다는 의지를 표명하게 된다. 국민연금은 같은 해 10월 수탁자책임전문위원회를 구성하고 '국민연금기금 수탁자 책임활동에 관한 지침'을 마련하였는바, 위 지침 제10조에서는 의결권 행사기준의 기본원칙을 다음과 같이 제시하고 있다.[27]

제10조(행사기준의 기본원칙) 의결권 행사기준은 다음과 같은 기본원칙에 따른다.
1. 주주가치의 감소를 초래하지 않고 기금의 이익에 반하지 아니하는 경우에는 찬성한다.
2. 주주가치의 감소를 초래하거나 기금의 이익에 반하는 안건에 대하여는 반대한다.
3. 위의 각 호의 어느 하나에 해당하지 아니하는 경우에는 중립[기금이 의결권을 행사할 주식수를 뺀 주식수의 의결내용에 영향을 미치지 아니하도록 찬성 및 반대(기권 및 무효 등을 포함한다)의 비율에 따라 의결권을 행사하는 것을 의미한다] 또는 기권(출석한 주주의 의결권의 수에 산입하지 않는 것을 의미한다)의 의사표시를 할 수 있다.

---

27) 참고로, 국민연금법 및 국민연금 기금운용지침에는 2015년 책임투자 원칙이 도입되었다.

> **국민연금법**
> **제102조(기금의 관리 및 운용)** ④ 제2항 제3호에 따라 기금을 관리·운용하는 경우에는 장기적이고 안정적인 수익 증대를 위하여 투자대상과 관련한 환경·사회·지배구조 등의 요소를 고려할 수 있다. [신설 2015.1.28] [[시행일 2015.7.29]]
>
> **국민연금 기금운용지침**
> **제17조(책임투자)** ① 증권의 매매 및 대여의 방법으로 기금을 관리·운용하는 경우에는 장기적이고 안정적인 수익 증대를 위하여 투자대상과 관련한 환경·사회·지배구조 등의 요소를 고려할 수 있으며, 책임투자 원칙은 별표 4와 같이 정한다.
> ② 「수탁자책임 전문위원회」는 제1항을 목적으로 기금운용본부의 책임투자에 대해 모니터링하여 관련 기업에 대한 투자제한 및 변경 의견을 「기금운용위원회」에 제시할 수 있다.

한편 국민연금을 선두로 하여 사학연금이 스튜어드십 코드 도입을 밝혔고 2020. 2. 11.에 공무원연금이 스튜어드십 코드 도입을 표명함에 따라 국내 가장 핵심적인 기관투자자인 3대 연기금이 모두 스튜어드십 코드 도입을 완료하였다. 특히 국민연금의 경우 5% 이상 지분을 보유한 상장사가 300여 개에 이르고 주식시장 점유율도 7% 이상이 됨에 따라 스튜어드십 코드 도입을 계기로 그 기능과 역할에 많은 관심이 집중되고 있다.[28]

3) 한국형 스튜어드십 코드의 현황

현재 한국형 스튜어드십 코드와 관련한 현황과 활동내용은 스튜어드십 코드 이행을 지원하는 한국기업지배구조원을 통해 확인할 수 있다. 2021년 2월 17일을 기준으로 한 참여기관은 149곳으로 이는 73곳이던 2018년 말에 비하여 100% 이상 증가한 수치인데, 이러한 '스튜어드십 코드' 참여에 대한 기관투자자들의 관심과 가입이 증가한 것은 기업에 대한 사회적 책임을 강조하고 투명한 지배구조를 원하는 시대적인 요구와 무관하지는 않을 것이다. 2019. 12. 16. 참여연대 경제금융센터가 '국민연금, 2020년 주주총회에서 문제기업 대상 주주권 행사 위해 전력을 다하라'는 취지의 성명을 발표하였고, 문재인 대통령도 2020년 신년사에서 "스튜어드십 코드를 정착시키고, 대기업의 건전한 경영을 유도할 수 있는 기반을 곧 마련하겠다"고 밝히며 스튜어드십 코드 활성화에 대한 정부의 의지를 다시 한 번 강조함[29]에 따라 스튜어드십 코드의 도입과 역할의 확대는 이제 불가역적인 시대의 흐름이 되었다고 할 것이다.

다. 스튜어드십 코드 도입에 관한 논란 및 전망

스튜어드십 코드 도입의 필요성에 대한 공감대가 확산되고 있고 그 역할에 대한 기대 역시 상승하고 있는 것이 사실이다. 주요 기관투자자인 국민연금

---

28) 곽민서, "국민연금 지분 5% 이상 상장사 300여 개···'주주 목소리' 커지나", 연합뉴스(2020. 2. 9.).
29) 정혜정, "문 대통령 신년사, 김정은 답방 여건 갖춰지도록 노력해야", 중앙일보(2020. 1. 7.).

의 스튜어드십 코드 참여 본격화로 지배구조 개선과 배당확대, 투명성 강화 등
이 이루어질 것이란 분석이 나오는 것[30])도 그런 다수의 희망이 반영된 것으로
보인다. 우리나라 주식시장에서 기관투자자의 비중이 높아지면서 장기적으로
지속 가능한 성장을 위하여 기관투자자와 투자대상회사 간의 적정한 대화 및
관여 방안에 대해 검토할 시기가 되었다는 의견도 도입 찬성론의 주요 근거 중
하나이다. 그러나 다른 한편에서는 기업에 대한 경영관여가 오히려 기업과 다
른 주주들의 이익을 침해하는 결과가 되어 기업가치를 하락시키고 거액의 자금
이 빠져나가게 하는 등 기업경영을 어렵게 하는 역효과를 가져온다는 지적을
하기도 하고,[31]) 주요 기관투자자인 국민연금의 의사결정에 있어서 정부의 영향
력을 배제할 수 없기 때문에 자본시장에서 '관치'가 강화될 것이라는 우려를 제
기하기도 한다. 기관투자자가 수탁자책임을 적극적으로 이행하는 데에는 상당
한 비용이 수반되어 기관투자자의 수익성이 감소하고 이는 결국 고객인 투자자
의 수익성 하락을 초래할 수 있다[32])는 점도 부정적인 논거로 이야기 되고 있다.

  찬반에 관한 현실적이고 일반적인 의견 외에도 스튜어드십 코드가 제정되
고 그 도입이 확대됨에 따라 스튜어드십 코드 제정 절차상의 투명성 확보, 코
드 적용의 강제성에 대한 우려 역시 제기되고 있다[33]). 특히 스튜어드십 코드
원칙4와 관련하여 처음에는 투자대상회사와의 대화 이후에도 주요한 쟁점에
관하여 의견이 불일치하거나 우려사항이 존재하는 경우 이사회 또는 경영진과
의 회의 추가 개최, 주주총회 소집 청구, 주주소송 등 10가지 구체적 활동지침
을 열거하는 형식을 취하였으나 원칙중심주의를 표방한 코드의 취지와 맞지 않
고 다른 주요 나라의 기재방식과도 다르다는 등의 지적이 계속되자 결국 기존
열거적인 기재 방식을 지양하고 일본형 코드처럼 일반 원칙 중심으로 수정하는

---

30) 송민경, "국민연금의 스튜어드십 코드 참여: 주요 내용, 의의 및 과제", 기업지배구조 리뷰 VOL.
    90.(2019. 4. 2.), 113−116면.
31) 국회입법조사처, "우리나라 스튜어드십 코드 도입 현황과 개선과제", 현안보고서 Vol. 315(2017.
    12. 28.).
32) 김순석, "스튜어드십 코드 도입에 따른 법적 검토 과제", 증권법연구 제17권 제2호(2016), 24−25
    면 참조.
33) 이에 관한 논의는 김순석 앞의 논문, 26−27면 참조.

과정을 거치기도 하였다. 또한 기관투자자가 투자대상회사와의 적극적인 대화 또는 관여 과정에서 지득하게 된 정보의 이용과 관련하여 내부자거래 이슈, 선별적 공시로 인한 공정공시 규정 위반 이슈[34] 등이 계속해서 논의의 대상이 되고 있다.

스튜어드십 코드 도입에 관한 찬반양론과 별개로 실제 주요 기관투자자들이 순차적으로 스튜어드십 코드를 도입함에 따라 주주총회의 지형이 많이 변화되고 있는 것이 현실이다. 국민연금이 스튜어드십 코드를 도입한 이후인 2019년 3월 개최된 대한항공 주주총회에서, 국민연금의 반대로 사내이사 선임이 부결되어 우리나라에서 최초로 기업 총수가 주주들의 선택으로 이사직을 잃는 사건이 발생한 것이 그 대표적인 사례라 할 것이다.[35] 그동안 기업에게 투자자란 "그저 자금은 조달하되, 기업에 대해 간섭하지 않는" 계층으로 여겨져 왔는데 기관투자자가 기업경영에 관한 실질적인 의사결정에 참여하여 기업 총수의 경영권을 박탈하는 사례가 발생한 것이다. 국민연금은 2019년 1월부터 같은 해 11월까지 총 750회의 주주총회에 참석해 622건(19.1%)에 반대 의견을 낸 것으로 알려져 있는데,[36] 스튜어드십 코드 도입 이전 국민연금의 반대 비율이 10% 수준을 유지하였던 것을 고려하면, 국민연금이 이전보다 훨씬 적극적으로 주주권 행사에 나서고 있는 것으로 볼 수 있는 대목이다. 정부에서 스튜어드십 코드 활성화를 핵심 정책으로 추진하고 있는 점을 감안할 때, 향후 국민연금의 주도 아래 스튜어드십 코드에 참여한 기관투자자들이 주주권 행사를 강화해나갈 것으로 예측된다.

한편 영국의 2차 개정 스튜어드십 코드 사례에서 보듯 우리나라에서도 스튜어드십 코드 도입으로 투자시 ESG 요소에 대한 고려는 더욱 강화될 것으로

---

34) 김순석, 앞의 논문, 30-32면 참조.
35) 박태근, "국민연금 조양호 연임반대 성공…趙, 대한항공 사내이사 탈락", 동아일보(2019. 3. 27.).
   이러한 국민연금의 의결권 행사 등과 관련하여 스튜어드십 코드가 원래 성격인 연성규범이 아니라 상법과 유사한 경성규범으로 작동될 수 있다는 지적이 있다.
   이에 관하여는 황인하, 최승재, "주주행동주의, 국민연금과 스튜어드십 코드", 기업법연구 제33권 제2호(2019. 6.), 7-8면 참조.
36) 이정훈, "2020 기업 주주총회 뒤흔들 관전 포인트 5", 한경비즈니스(2020. 3. 10).

보이고 실제 국민연금 등 기관투자자들과 참여연대 등 시민단체들은 이를 명시적으로 요구하고 있다. 국민연금 수탁자책임전문위원회는 2021. 2. 5. 주주제안을 통해 ESG 문제기업 7곳 후보들을 대상으로 사외이사를 추천하는 안건에 대한 검토를 한다고 밝혔고, 참여연대 경제금융센터는 보건복지부 연금재정과에 "국민연금기금 투자대상 기업 중 ESG 문제기업 사외이사 선임 주주제안과 관련한 진척도 및 준비상황, 향후 계획에 대해 밝혀달라"고 요구하였다.[37] 이와 같은 흐름에 대응하여 삼성 등 대기업들도 ESG 경영 강화를 선언하며 이사회에 소위원회를 조직하거나 대표이사와 이사회 의장을 분리하는 등 지배구조 개혁을 진행하고 있고 사외이사로 ESG 전문가를 영입하려는 움직임도 보이고 있다.[38] 위와 같은 스튜어드십 코드와 ESG의 결합 내지 스튜어드십 코드의 확장은 이제 시대적인 흐름이 되어 투자의 핵심적인 요소로 자리잡게 될 것이다.

4. 주주행동주의와 스튜어드십 코드의 관계

가. 주주행동주의와 스튜어드십 코드의 내용적 구분

스튜어드십 코드는 기관투자자들에게 고객, 수익자 등 타인 자산을 관리, 운영하는 수탁자로서 그 책임을 성실하게 이행하라는 취지에서 만들어진 것이다. 스튜어드십 코드 최종안의 표제인 '기관투자자의 수탁자 책임에 관한 원칙'에서 보듯 스튜어드십 적용은 받는 대상은 '기관투자자들'이다. 주주행동주의의 주체가 소수주주, 헤지펀드 등을 포함된 사모펀드, 기관투자자들 등으로 다양화된 것과는 다른 지점이다. 그리고 스튜어드십 코드에서 기관투자자들에게 요구하는 주요 내용, 즉 수탁자 책임 정책의 제정과 공개, 이해상충 방지정책의 제정과 공개, 투자대상회사 점검, 의결권 정책 및 의결권 행사내역 및 사유 공

---

37) 강구귀, "국민연금 수탁위, 오늘 ESG 문제기업 사외이사 추천 논의", 파이낸셜뉴스(2021. 2. 5.).
38) 황정수, "'ESG 전문가 모시자' … 삼성·LG·SK, 사외이사 영입 전쟁", 한국경제(2021. 1. 22.).

개, 수탁자책임 이행내역 공시, 주주활동 수행 및 수탁자 책임이행을 위한 역량 및 전문성 강화 등에서 보듯 그 범위가 매우 포괄적이고 구체적임을 알 수 있다. 이는 위와 같은 구체적이고 포괄적인 지침 없이 깃발을 드는 일정한 가치집단에 의해 동기화되고 재벌의 지배구조 개선이라는 특정 목적을 위하여 움직이는 소수주주들, 타겟을 정한 후 내부 투자 및 공격전략을 수립하고 부실한 지배구조에서 초래된 경영권의 허점을 공략하여 최대한의 수익쟁취를 목적으로 하는 일부 사모펀드와는 뚜렷하게 구분되는 부분이다.

관련하여 기관투자자의 주주행동주의를 '헤지펀드 행동주의'(약탈적 행동주의)와 '스튜어드십 행동주의' 두 가지로 구분하는 견해가 있다.[39] '헤지펀드 행동주의'는 주주인 기관투자자들이 단기실적주의(Short-Termism)를 추구한다는 특징을 지닌다. 헤지펀드는 주로 경영진에 압력을 가해 고액의 배당을 이끌어내어 주가를 상승시킨 후, 보유주식을 매각하여 투자수익을 취득하는 행태를 보여 왔다. 이들의 목적은 주주행동주의를 통해 경제적 이익을 취득하는 것이며, 주주로서 의결권을 행사하기 보다는 주식을 매각하여 차익을 취득하는 '월스트리트 룰'[40]에 따라 움직인다. 반면 '스튜어드십 행동주의'는 회사의 지속가능성(Long-Termism)을 위한 기관투자자의 적극적 관여 및 역할을 강조한다. 기관투자자들이 회사의 단기이익 취득에만 몰두할 것이 아니라 장기적 성과를 위한 인내자본(Patient Capital)의 성격을 지녀야 한다고 주장하면서, 최근에는 이러한 흐름이 투자대상 회사들에게 ESG 정보를 공시하도록 요구하고 이를 바탕으로 ESG 리스크를 확인·평가·모니터링하는 'ESG 행동주의'(ESG risk-related activism)로 확대되고 있다고 한다.[41]

---

39) 신석훈, "최근 기관투자자의 ESG(Environment, Social, Governace) 요구 강화에 따른 회사법의 쟁점과 과제", 상사법연구 제38권 제2호(2019), 4면 이하.

40) 월스트리트 룰: 월가에서 기관투자자들이 주식투자자로서 기업경영에 적극적으로 관여해 의결권을 행사하기 보다 해당주식을 팔아치우는 방법으로 기업에 대한 평가를 대신하는 방식을 말한다. (매일경제용어사전)

41) 신석훈은 ESG 행동주의의 대표적인 사례로 블랙록(Black Rock)을 제기하고 있다. 블랙록은 *Investment Stewardship*(2018)에서 "블랙록 스튜어드십의 핵심은 관여(engagement)이고 이것을 '우리(Black Rock) 또는 투자대상 회사와 관련이 있는 ESG 이슈에 대한 목적의식 있는 지속적인 대화'로 규정하고 있다"고 소개하였다. 신석훈, 앞의 글, 11면.

나. 주주행동주의와 스튜어드십 코드의 법적 성격 – 연성 규범

　　주주행동주의의 활동 내용을 보면 강행규범성을 가지는 경성규범인 상법 등 기존의 규범을 우회, 완화하려는 경향이 있음을 알 수 있다. 기업에 특정한 목적을 가지고 접근하여 자신들의 의사를 관철하려는 그룹의 관점에서 보면 일정한 의제를 정하여 의결권 대상을 구체화하고 이를 여론 등을 통해 확산하거나 방향을 같이 하는 다른 그룹과의 연대 등을 통해 기업을 압박하는 것이 경성규범을 제정하는 과정에서 발생하는 비용과 시간을 절약하며 회피할 수 있고 이해상충의 문제도 회피할 수 있는 수단42)이 될 수 있기 때문이다. 이러한 관점에서 보면 주주행동주의 활동은 일정한 규범 형태를 갖춘 것은 아니지만 규범이 강제할 수 없는 부분을 보완하는 면도 있다는 점에서 스튜어드십 코드와 유사한 면이 있다고 할 것이다.

　　스튜어드십 코드 제정 이전에도 우리 법제에서는 '자본시장과 금융투자업에 관한 법률' 제37조(신의성실의무 등)에서 민간기관투자자들의 충실의무를, 제79조에서 집합투자업자의 선관의무 및 충실의무를, 제102조에서 신탁업자의 선관의무 및 충실의무를 각 규정하고 있었다. 기관투자자들에 대한 위와 같은 일반적인 의무 외에도 의결권 행사와 관련하여 국민연금, 공무원연금 및 군인연금 등 공적 기관투자자의 경우에는 '국가재정법' 제62조(기금관리·운용의 원칙), 제63조(기금자산운용의 원칙), 제64조(의결권행사의 원칙) 등에서 의결권 행사 및 공시의무를 부과하고 있었고, 그에 더하여 국민연금의 경우 '국민연금기금 운용지침'과 '국민연금기금 의결권 행사지침'의 규정을 두고 있다. 민간기관투자자의 의결권 행사와 관련하여서도 '자본시장과 금융투자업에 관한 법률' 제87조(의결권 등), 제112조(의결권) 등에서 신탁업자의 의결권 행사의무를 부담시키고 있었다.43) 이러한 법제가 있음에도 불구하고 스튜어드십 코드가 도입된 것은 앞서 본 바와 같은 기존 기관투자자들의 투자회사에 대한 무관심과 소극적인

---

42) 황인학·최승재, 앞의 논문, 88면 참조.
43) 최준선, "주주행동주의에 대한 대응 방안", 기업법연구 제33권 제3호(2019. 9.), 258–259면 참조.

의결권 행사 등에 대한 반성적 고려의 결과이고, 주주행동주의의 한 주체로서 기관투자자들의 활동 부족을 반영한 것이라고도 볼 수도 있다.

한편 자율적 규범인 연성규범의 형식으로 도입된 스튜어드십 코드를 이용하여 적극적인 의결권 행사를 실질적으로 강제하게 되어 경성규범과 유사하게 적용·운영되는 경우, 코드 자체가 특히 국민연금 등 공적연기금들의 의결권 행사에 경직성을 초래하여 수익성 확보의 측면에서 유연성을 발휘할 수 없게 되는 문제가 있고, 사회적 평가에 민감한 공적연기금의 특성 때문에 의결권 행사가 시류에 휩쓸릴 수도 있을 뿐만 아니라 정치적 영향에서도 자유롭지 못할 것이라는 우려를 제기하는 입장[44]도 있다. 그러나 주주행동주의 역시 그것이 가지는 부작용 및 많은 우려에도 불구하고 기업의 투명성 제고와 지배구조 개선에 어느 정도 순기능을 발휘하였다는 평가가 있다는 점과 기관투자자의 역할에 대한 사회적 평가와 기대가 달라지고 있는 점, 많은 법제에도 불구하고 스튜어드십 코드가 추가적으로 도입된 이유 등을 되새겨보면 기업 입장에서 보이는 많은 우려에도 불구하고 보다 의미있고 정당한 의결권의 행사, 기업운영 문화와 경영자들의 인식 전환 등 여러 면에서 스튜어드십 코드가 주주행동주의를 뛰어넘는 성과를 이룰 것으로 기대해 볼 수 있을 것이다.

5. 맺으며

이상에서 살펴보았듯이 주주행동주의는 행위 주체, 행동 목적, 행동 방식 등에 따라 다양한 형태로 전개되어 왔다. 한국의 경우, ① 기관투자자(헤지펀드)들이 단기적 이익 추구를 목적으로 월스트리트룰에 따라 주식 매각차익만 수취하였던 '약탈적 주주행동주의'(헤지펀드 행동주의), ② 소액주주들이 한국 재벌의 기형적인 기업지배구조 개선 등을 위하여 적극적으로 상법상 주주권을 행사하였던 '가치지향적 주주행동주의', ③ 국민연금 등 기관투자자들이 투자대상기업

---

44) 황인학·최승재, 앞의 논문, 91-92면 참조.

의 장기적 이익을 추구하고 공적연금의 사회적 책임을 다하기 위한 목적에서 주주권을 행사하는 '기관투자자 주주행동주의'가 동시 또는 순차적으로 전개되었다. 특히 ① 약탈적 주주행동주의에 대비하여 ② 가치지향적 주주행동주의와 ③ 기관투자자 주주행동주의는 주주가 경제적 가치뿐만 아니라 사회적 가치를 추구하는 경향성을 지닌다는 점에서 공통점이 있다.

영국에서 시작된 스튜어드십 코드는 위 ③의 논의를 구체화한 것으로 평가할 수 있다. 스튜어드십 코드의 핵심은 기관투자자가 주식을 '장기 보유'하면서 투자대상회사에 '경영 관여'를 하는 것이며, 경영 관여의 방식은 법률상 주주권 행사뿐만 아니라 이사진과의 비공식적 대화까지 포함된다. 즉, 기관투자자는 회사의 '주인'으로서 적극적으로 이사회를 견제하면서 기업지배구조의 건전성과 효율성을 확보하고, 이를 통해 투자대상기업의 '장기적 이익'을 도모하여 고객(개인투자자)에 대한 '집사'(steward)로서의 책임을 다하여야 한다. 다만, 최근에는 스튜어드십 코드가 '책임투자'와 결합되면서 기관투자자가 자산투자 시 환경·사회·지배구조(ESG)도 함께 고려해야 한다는 논의가 확산되고 있다. 영국은 2020년 스튜어드십 코드에서 "스튜어드십과 (ESG를 고려한) 투자를 체계적으로 통합"하여야 한다는 원칙을 제시하였다. 이처럼 스튜어드십 코드는 최초 기업지배구조(G)에 대한 견제 장치에서 시작하여 ESG를 고려한 책임투자로 발전해 가고 있다.

우리 나라는 2016년 12월 '기관투자자의 수탁자 책임에 관한 원칙'을 공표하면서 '한국형 스튜어드십 코드'를 도입하였다. 국민연금 등 3대 연기금은 스튜어드십 코드 도입을 선언하면서 수탁자로서 의결권 행사 시 투명성을 제고하겠다는 입장을 밝혔으며, 특히 국민연금은 2019년 3월 개최된 대한항공 주주총회에서 사내이사 선임을 부결시키는 등 주주로서 의결권을 적극적으로 행사하는 모습을 보이고 있다. 다만 공적연기금의 적극적인 경영 관여가 투자대상 회사의 중장기적인 수익 창출로 이어질 수 있을지 불분명한 측면이 있으며, 과연 중장기적 수익을 내지 못하는 상황에서도 공적연기금은 '사회적 책임'을 다하여 투자대상 회사의 경영에 개입해야 하는지에 대해서는 견해가 엇갈리고 있다

(이른바 '연금 사회주의'에 대한 비판). 특히 국민연금은 스튜어드십 코드를 도입하면서 ESG를 투자 판단의 지표로 삼겠다고 밝혔고, 2021년부터는 국내 주식뿐만 아니라 채권에 대해서도 ESG를 고려한 '책임투자'를 적용하는 방안을 검토하고 있다. 국내에서도 스튜어드십 코드가 책임투자와 결합하는 양상을 보이고 있는데, 이러한 책임투자로 인해 위탁자에게 손해가 발생하는 경우까지 국민연금이 '집사'(steward)로서 책임을 다했다고 볼 수 있을지에 대해서는 논란이 계속될 것으로 보인다. 한국에서 스튜어드십 코드의 이행과 관련된 현황을 주시할 필요가 있다.

참고문헌

1. 단행본

고려대학교 산학협력단, 국민연금 책임투자와 스튜어드십 코드에 관한 연구(Ⅱ), 국
    민연금공단 용역보고서 2017-04(2017).
국회입법조사처, "우리나라 스튜어드십 코드 도입 현황과 개선과제", 현안보고서 Vol.
    315(2017. 12. 28.).
한국기업지배구조연구원, 한국 스튜어드십 코드 1차 해설서(2017. 6.).

2. 논문

김순석, "스튜어드십 코드 도입에 따른 법적 검토 과제", 증권법연구 제17권 제2호
    (2016).
변희섭·문성훈, "사학연금기금의 책임투자 활성화 방안 연구: 스튜어드십 코드의 이
    행을 중심으로", 사학연금 연구 제3호(2018).
서완석, "주주행동주의의 문제점과 대처방안", 성균관법학 제26권 제1호(2014. 3.).
송민경, "국민연금의 스튜어드십 코드 참여: 주요 내용, 의의 및 과제", 기업지배구조
    리뷰 VOL. 90(2019. 4. 2.).
송옥렬, "기업경영에서 법치주의의 확산", 서울대학교 법학 제55권 제1호(2014. 3.).
신석훈, "최근 기관투자자의 ESG(Environment, Social, Governance) 요구 강화에 따른
    회사법의 쟁점과 과제", 상사법연구 제38권 제2호(2019).
이승희, "영국 스튜어드십 코드(2020)와 수탁자책임 활동 공시 강화", 경제개혁연구소
    이슈&분석 2020-21호(2020. 2.).
장하성, "소액주주 권리 운동의 의의와 실천 방안", 참여연대 정책토론회 자료집
    (1997. 3.).
정대익, "주주행동주의의 법적 한계", 경영법률제27권 제2호(2017. 1.).

최준선, "주주행동주의에 대한 대응 방안", 기업법연구 제33권 제3호(2019. 9.).

황인학·최승재 "주주행동주의, 국민연금과 스튜어드십 코드", 기업법연구 제33권 제2
　　호(2019. 6.).

황정미, "영국 스튜어드십 코드의 개정과 그 시사점", 동아법학 제88호(2020).

황정미, "한국 스튜어드십과 주주행동주의의 고찰", 기업법연구 제34권 제3호(2020. 9.).

3. 기타

강구귀, "국민연금 수탁위, 오늘 ESG 문제기업 사외이사 추천 논의", 파이낸셜뉴스
　　(2021. 2. 5.).

곽민서, "국민연금 지분 5% 이상 상장사 300여 개 …'주주 목소리' 커지나", 연합뉴스
　　(2020. 2. 9.).

김지현, "2005년 소버린, SK그룹 압박 1조 원 챙겨", 동아일보(2015. 6. 6.).

박태근, "국민연금 조양호 연임반대 성공 … 趙, 대한항공 사내이사 탈락", 동아일보
　　(2019. 3. 27.).

이정훈, "2020 기업 주주총회 뒤흔들 관전 포인트 5", 한경비즈니스(2020. 3. 10).

정혜정, "문 대통령 신년사, 김정은 답방 여건 갖춰지도록 노력해야", 중앙일보(2020.
　　1. 7.).

차완용, "'토종행동주의·스튜어드십 코드' 지배구조, 새로운 투자 테마로", 한경BUSINESS
　　(2019. 1. 7.).

황정수, "'ESG 전문가 모시자' … 삼성·LG·SK, 사외이사 영입 전쟁", 한국경제(2021.
　　1. 22.).

주주행동주의와 공시

장영은

전문위원(한국공인회계사). 회계법인을 거쳐 한국거래소에서 오랜기간 근무하면서 상장제도 및 공시업무를 주로 담당하였고, 법무법인(유) 지평 자본시장팀에 합류하여 상장기업의 진입−상장유지−퇴출 全 분야에 걸친 자문 및 ESG 관련 자문을 제공하고 있다.

안중성

파트너 변호사. 금융위원회 규제개혁법무담당관실, 공정거래위원회 송무담당관실 등에서 공익법무관으로 근무하였으며, 법무법인(유) 지평 자문그룹(금융)에서 사모펀드·PE, IPO·자본시장, M&A, 금융규제 및 금융회사 자문, 금융회사M&A·해외진출, 금융형사, 기업결합 관련 자문을 제공하고 있다.

주주행동주의와 공시

1. 기업공시제도 개관

기업공시제도(Corporate Disclosure System)란 기업관련 중요한 정보를 투자자 등 이해관계자에게 신속하게 공개하는 제도를 말한다. 이를 통해 정보비대칭을 해소하고 투자자의 합리적 의사결정을 유도함으로써 효율적인 자본시장을 구현하게 되며, 궁극적으로 투자자를 보호하게 된다.

따라서 자본시장이 발달한 모든 국가에서는 기업정보에 대해 공적규제 및 자율규제를 통해 다양한 기업 내부정보에 대한 공시의무사항, 공평한 정보전달 방식 및 투자자보호 장치를 규정하고 있으며 위반시 그에 상응하는 제재를 통해 규제하고 있다.

우리나라도 상장법인의 경우 자본시장과 금융투자업에 관한 법률(이하 '자본시장법')(공적규제) 및 한국거래소 공시규정(자율규제)의 이원적 구조를 통해 기업정보의 제공, 전달방법, 위반시 제재를 규제하고 있으며, 궁극적으로 효율적 자본시장 구현 및 투자자보호를 주된 규제목적으로 하고 있다.[1]

---

[1] 한편 국내에는 위 자본시장법 및 한국거래소 공시규정에 따른 공시 외에도 「독점규제 및 공정거래에 관한 법률」상 공시제도가 존재한다. 다만 전자와 후자 간에는 제도의 목적 및 규율 체계 등에 다소 차이가 있으므로, 후자는 별도로 "주주행동주의와 공정거래법" 부분에서 다루기로 한다.

본편에서 다루고 있는 행동주의 펀드 및 투자대상 상장법인도 각각의 경영참여 단계별로 자본시장법 및 한국거래소 공시규정에서 정하고 있는 공시의무사항을 충실히 준수함으로써 투자자에게 적시에 관련 정보를 제공해야 할 의무가 있게 된다. 만약 행동주의 펀드가 관련 법규에 따른 공시의무를 위반하는 경우 민·형사상 제재대상이 될 뿐만 아니라 소유주식에 대한 의결권이 제한되어 적극적인 경영참여 활동에 제약이 될 수도 있다. 또한, 투자대상 상장법인도 한국거래소의 불성실공시법인 제재, 상장폐지 실질심사 등 불이익한 조치를 받게 되어 기업가치가 하락하는 등 궁극적으로 소액주주 등 선의의 투자자에게 피해를 초래하게 될 것이다.

따라서 본편에서는 상장법인을 대상으로 한 행동주의 펀드의 지분매수 및 경영참여 결정사항과 관련하여 발생가능한 자본시장법 및 한국거래소 공시규정상 공시의무사항을 중심으로 살펴보도록 하겠다.

가. 공시제도의 의의

공시제도란 상장기업이 투자자의 투자판단 및 주가에 영향을 미칠 수 있는 주요 기업정보 즉, 영업활동, 재무구조, 지배구조, 경영실적 등의 내부정보를 관계법령에 따라 신속·정확·공평하게 투자자에게 공개하는 행위를 규제하는 제도를 말한다.

이러한 공시제도는 기업 내부자와 다수 외부 이해관계자간 정보 비대칭 문제를 해소함으로써 기업가치를 적정하게 평가받도록 하고 효율적인 자본시장을 구현하게 할 뿐만 아니라, 내부자거래 등 불공정거래를 예방하도록 하는 사회적 감시기능도 수행함으로써 궁극적으로 투자자보호 및 주주이익 극대화에 기여하게 된다.

나. 자본시장법상 공시의 분류

현행 자본시장법상 공시의무는 크게 발행시장공시, 유통시장공시 및 지분공시로 구분될 수 있다.[2]

1) 발행시장공시[3]

증권의 최초 발행시 발행인에게 당해 증권과 증권의 발행인에 관한 정보를 투자자들에게 투명하게 전달하도록 강제하는 공시제도로서, 증권신고서, 투자설명서, 증권발행실적보고서 등의 제출의무가 이에 해당된다. 금융위원회의 업무위임을 받은 금융감독원이 관련 업무를 수행 및 규제하고 있다.

2) 유통시장공시[4]

이미 발행된 증권의 발행인에게 기업경영활동과 관련된 중요정보를 현재 및 미래 잠재적 투자자에게 적시에 제공함으로써 해당 증권의 취득 및 처분에 필요한 정보를 제공하기 위한 공시제도로서, 정기공시(사업보고서 및 분·반기 보고서) 및 수시공시 등 공시의무가 이에 포함된다.

3) 지분공시[5]

기업지배권에 대한 공정한 경쟁 및 증권시장의 투명성을 제고하기 위해 주권상장법인이 발행한 주식 등을 보유한 자가 정해진 요건에 해당하는 경우 그 보유상황 등을 공시하도록 하는 제도로서, 대량보유상황보고, 임원·주요 주주 등 소유상황보고가 이에 해당된다.

---

2) 한국거래소, 유가증권시장 상장·공시 업무해설서(2020.2.), 18~19면 참조.
3) 자본시장법 제3편 제1장 증권신고서.
4) 자본시장법 제3편 제3장 상장법인의 사업보고서 등.
5) 자본시장법 제3편 제2장 제2절 주식등의 대량보유상황의 보고, 제4편 제1장 제173조 임원 등의 특정증권등 소유상황 보고.

[자본시장법상 공시의 종류][6]

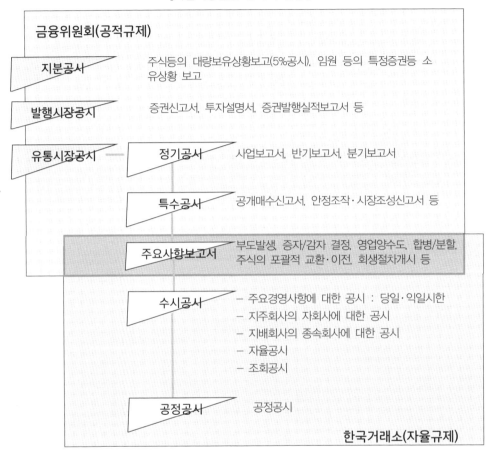

다. 자본시장법상 규제 체계

자본시장법상 공시의무사항인 지분공시, 발행시장공시 및 유통시장공시 중 일부는 자본시장법령 및 금융위원회의 소관 규정에 근거를 두고 금융위원회로부터 업무를 위임받은 금융감독원이 관련업무를 집행하는 공적규제의 틀 내에서 운영되고 있으며, 유통시장공시 중 상당부분은 자본시장법에 근거한 한국거래소의 공시규정에 근거를 두고 한국거래소에 의해 관리되는 자율규제에 해당한다.

6) 한국거래소, 유가증권시장 상장·공시 업무해설서(2020.2.), 18면 참조.

따라서 공적규제 대상인 지분공시, 발행시장공시 등을 위반하는 경우 행정제재(주의, 경고, 과징금, 임원해임권고 등) 및 형사책임(검찰통보, 고발 등)이 부과될 수 있는 반면, 자율규제 대상인 유통시장공시를 위반하는 경우 불성실공시법인 지정, 매매거래정지, 상장폐지 실질심사 등 자율규제기구인 한국거래소가 부과하는 제재를 받게 된다.

라. 전자공시를 통한 공평한 정보전달체계

상장법인의 경우 발행공시, 지분공시 등 금융감독원 소관 공시사항은 금융감독원이 운영하는 전자공시시스템(DART)를 통하여 신고해야 하며, 유통공시중 한국거래소 소관 공시사항(수시공시, 공정공시 등)은 한국거래소가 운영하는 전자공시시스템(KIND)을 통하여 신고해야 한다.

[공시정보 전달체계][7]

---

7) 한국거래소, 유가증권시장 상장·공시 업무해설서(2020.2.), 20면 참조.

DART 및 KIND를 통해 신고된 공시정보는 상호 시스템에 공유되고, 각각 배포시스템을 통해 증권정보단말기, 증권사 홈페이지 등에 실시간으로 전송됨으로써, 공시정보 전달과정의 시차를 최소화하고 정보이용자에게 공평하게 전달될 수 있도록 전자공시 인프라가 마련되어 있는 상황이다.

2. 행동주의 펀드 관련 주요 공시의무

행동주의 펀드의 경영참여 행위와 관련하여 주로 발생하고 있는 공시의무사항을 과거 사례를 중심으로 살펴보면 주로 지분공시(5%공시 등) 및 소송 관련 수시공시의무(경영권분쟁 및 소수주주권 행사 등 관련)인 것으로 파악된다.

즉, 행동주의 펀드는 지분매입을 통해 경영권경쟁을 하게 되는 구조이므로 자본시장법상 지분공시가 빈번하게 발생하며, 또한 주주행동을 실행하기 위한 수단으로서 상법상 소수주주권에 기반한 가처분신청 및 소송 등을 제기함에 따라 관련 경영권분쟁 소송 등 공시를 상장법인이 수행하게 되는 것이 일반적인 현상으로 파악된다.

이와 관련하여 한국거래소 유가증권시장 상장법인을 중심으로 한 자본시장법상 공시의무사항을 설명하면 아래와 같다.

가. 지분공시

지분공시는 상장법인의 기업지배권에 관한 정보를 적시에 제공함으로써 투자자간 관련정보의 불균형을 해소하고 내부정보를 이용한 거래를 방지할 목적으로 상장법인의 대주주 및 임원 등의 보유 주식 등을 공시하도록 하는 제도이다. 자본시장법은 이를 구체적으로 의무화하여 "주식등의 대량보유상황 보고(자본시장법 제147조)" 및 "임원 등의 특정증권등 소유상황 보고(자본시장법 제173조)"로 규정하고 있다.

1) 주식등의 대량보유상황 보고제도(5%공시)

투자자 및 경영권 경쟁자에게 지배권 변동 가능성에 관한 정보를 제공함으로써 투자자에게는 신뢰성 있는 투자판단 정보를 제공하고 경영권 경쟁자에게는 공정한 경쟁을 유도하기 위해 주권상장법인이 발행한 주식등을 대량보유한 자에 대해 그 보유상황을 공시하도록 의무화하고 있는 제도이다.

가) 보고의무 및 종류

주권상장법인의 주식등[8]을 5% 이상 보유하게 되거나(신규보고) 이후 보유비율이 1% 이상 변동된 경우(변동보고) 또는 보유목적이나 중요사항이 변경된 경우(변경보고)에는 원칙적으로 아래 다)의 보고의무 발생일로부터 5영업일 이내에 그 보유상황 및 변동·변경내용을 금융위원회(금융감독원)와 한국거래소에 보고하여야 한다.

여기에서 보유란 주식등을 직접 소유할 뿐만 아니라, 직접 소유하고 있지는 않더라도 자본시장법시행령 제142조에서 정하고 있는 '소유에 준하는 보유'[9]에 해당하는 경우를 포함한다.

---

[8] 주식등의 범위(자본시장법 시행령 제139조)
  - 주권(보통주, 의결권 있는 우선주, 전환우선주)
  - 신주인수권이 표시된 것(신주인수권증권, 신주인수권증서)
  - 전환사채권
  - 신주인수권부사채권(신주인수권이 분리된 이후는 제외)
  - 교환사채권
  - 위 증권을 기초자산으로 하는 파생결합증권(권리행사로 기초자산 취득의 경우만 해당)

[9] (소유에 준하는 보유) 자본시장법 시행령 제142조
  - 누구의 명의로든지 자기의 계산으로 주식등을 소유하는 경우(예, 차명주식)
  - 법률의 규정, 매매 등 계약에 따라 주식 등의 인도청구권을 갖는 경우(예, 주식매매계약체결 후 이행기 미도래)
  - 법률의 규정 또는 금전의 신탁계약·담보계약, 그 밖의 계약에 따라 해당 주식등의 의결권을 갖는 경우
  - 법률의 규정 또는 금전의 신탁계약·담보계약·투자일임계약·그 밖의 계약에 따라 해당 주식 등의 취득/처분권한을 갖는 경우
  - 주식등의 매매의 일방예약을 하고 당해 매매를 완결할 수 있는 권한을 취득하는 경우로서 당해 권리행사에 의하여 매수인의 지위를 갖는 경우

[보고의 종류]

구분	주요 내용
신규보고	- (보고의무) 본인과 그 특별관계자[10]가 보유하는 주권상장법인 주식등의 합계가 발행주식등의 총수의 5% 이상이 되는 경우 - (보고내용) 보유상황(보유주식수 및 비율, 보유형태), 보유목적(경영참가목적 여부), 보유 주식등에 관한 계약(신탁, 담보, 대차계약 등) 등을 보고
변동보고	- (보고의무) 기존 보고자의 주식 등의 보유비율이 발행주식 등의 총수의 1% 이상 변동한 경우 - (보고의무 면제) 보유 주식 등의 수가 변동되지 않은 경우, 주주가 가진 주식수에 따라 배정하는 방법으로 신주를 발행하는 경우, 주주가 가진 주식수에 따라 배정받는 신주인수권에 의하여 발행된 신주인수권증서를 취득하는 것만으로 보유 주식 등의 수가 증가하는 경우, 자본감소로 보유 주식 등의 비율이 변동된 경우, 신주인수권이 표시된 것(신주인수권증서는 제외), 신주인수권부사채권·전환사채권 또는 교환사채권에 주어진 권리행사로 발행 또는 교환되는 주식 등의 발행가격 또는 교환가격 조정만으로 보유 주식 등의 수가 증가하는 경우 등은 보고의무가 면제
변경보고	- (보고의무) 보유목적(단순투자, 일반투자, 경영참가 상호간에 변경하는 경우),[11] 보유 주식등에 관한 주요 계약내용, 보유형태(보유↔소유에 한함)의 변경이 있는 경우 - (보고의무 면제) 주식 등에 관한 주요 계약을 체결·변경한 경우와 주식 등의 보유형태가 변경된 경우는 단순투자목적인 경우에는 보고의무 면제

　　－주식등을 기초자산으로 하는 파생상품에 따른 계약상의 권리를 가지는 경우로서 권리행사에 의하여 매수인으로서의 지위를 가지는 경우
　　－주식매수선택권(스톡옵션)을 부여 받은 경우로서 그 권리의 행사에 의하여 매수인으로서의 지위를 갖는 경우
10) (특별관계자) 특별관계자란 특수관계인 및 공동보유자를 말합니다(자본시장법 시행령 제141조)
　　－(특수관계인) 최대주주 본인과 아래 관계에 있는 자
　　　• 본인이 법인인 경우 당해법인의 임원
　　　• 본인이 개인인 경우 배우자, 6촌이내의 혈족, 4촌이내의 인척 등
　　　• 본인이 단독으로 또는 특수관계인과 합하여 30%이상 출자 또는 사실상 경영권을 행사하고 있는 자회사, 손자회사 또는 계열회사 및 그 임원
　　－(공동보유자) 주식등을 공동으로 취득 또는 처분하는 행위, 주식등을 공동 또는 단독으로 취득한 후 상호양도 또는 양수하는 행위, 의결권 공동행사하는 행위를 합의한 자
11) 보고서 기재방법(예시)
　　－경영참가·일반투자 → 단순투자 : 약식서식(단순투자 외 다른 행위를 하지 않겠다는 확인서 포함)
　　－일반·단순투자 → 경영참가 : 일반서식(보유목적란에 경영참가계획 등 명시)

나) 보고의무자

주식등의 대량보유상황 보고의 보고의무자는 주권상장법인이 발행한 주식 등에 대한 본인과 그 특별관계자의 합산 보유비율이 발행주식 등 총수의 5% 이상인 경우 그 본인 및 특별관계자가 각각 보고의무자가 되며, 이 경우 본인 과 그 특별관계자가 함께 보고하는 경우 보유 주식등의 수가 가장 많은 자를 대표자로 선정하여 연명으로 보고할 수 있다.

다) 보고의무 발생일

주식등의 대량보유자가 주식등의 보유상황이나 변동내용을 보고하여야 하 는 경우, 각 사유별로 그 기준이 되는 보고의무 발생일은 아래와 같다.

구분		보고의무 발생일
1. 신규보고 또는 변동보고		
	주권비상장법인 주권이 증권시장에 상장된 경우	상장일
	흡수합병인 경우	합병한 날(합병등기일)
	신설합병인 경우	상장일
	증권시장에서 주식 등을 매매한 경우	계약 체결일
	증권시장 외에서 주식 등을 취득하는 경우	계약 체결일
	증권시장 외에서 주식 등을 처분하는 경우	대금 수령일과 주식등 인도일 중 앞선 날
	유상증자로 신주를 취득하는 경우	주금납입일 익일
	주식등을 차입하는 경우	차입계약 체결일
	주식등을 상환하는 경우	주식등을 인도하는 날
	주식등을 증여받는 경우	「민법」에 따른 효력발생일
	주식등을 증여하는 경우	주식등을 인도하는 날
	상속으로 주식등을 취득하는 경우(상속인 1인)	단순승인, 한정승인으로

	상속이 확정되는 날
상속으로 주식등을 취득하는 경우(상속인 2인 이상)	재산분할이 종료되는 날
그 외의 사유	해당 법률행위의 효력발생일
2. 변경보고	
보유목적·보유형태·주요 계약 내용이 변경된 경우	변경일

라) 냉각기간

경영참가목적으로 신규보고하거나, 단순투자목적으로 보고한 후 보유목적을 경영참가목적으로 변경보고하는 경우에는 해당 보고사유 발생일로부터 보고한 날 이후 5일까지(이른바 '냉각기간') 당해 주식등의 추가취득이나 의결권행사가 제한된다[12])(참고로, 경영참가 목적으로 보고 후 보유비율이 변동되어 변동보고하는 경우에는 냉각기간이 적용되지 않는다). 이러한 냉각기간을 위반하여 취득한 주식등에 대해서는 의결권을 행사할 수 없으며, 금융위원회는 6개월 이내의 기간을 정하여 처분을 명할 수 있다.

마) 위반시 제재

주식등의 대량보유상황 보고의무를 충실히 이행하지 않는 경우 위반대상이 된 주식등에 대해서는 아래와 같이 일정기간 의결권행사가 제한되며, 위반자에게는 처분명령 등의 행정조치와 함께 형사책임이 병과될 수 있다.

[보고의무 위반시 제재]

구분	위반시 제재	관련법규
의결권행사 제한	− 미보고, 중요사항 허위보고·누락 : 위반분에 대해 의결권 제한 • 고의·중과실 : 주식등 매수일 ~ 보고후 6개월까지 • 이미 신고되었거나, 착오 : 주식등 매수일 ~ 보고일까지	법§ 150 영§ 158

---

12) 자본시장법 제150조 제2항.

금융위원회 조치	- 미보고, 중요사항 허위보고·누락 : 위반분 6개월 이내 처분명령 - 참고자료 제출명령 및 금감원 조사명령 - 형식불비, 중요사항 허위보고·누락 : 정정명령 - 거래정지, 임원해임권고, 고발·수사기관통보, 경고·주의조치	법§ 150 법§ 151 영§ 159
형사처벌	- 중요사항 허위기재·누락 : 5년 이하 징역 또는 2억원 이하 벌금 - 미보고 : 3년 이하 징역 또는 1억원 이하 벌금 - 금융위 처분명령 위반 : 1년 이하 징역 또는 3천만원 이하 벌금	법§ 444~ § 446
과징금	- 미보고, 중요사항 허위보고·누락 : 시가총액의 10만분의 1 범위 내 과징금 부과(5억 원 한도)	법§ 429

바) 기타

주식등의 대량보유상황 보고자는 보고자료 사본을 발행인에게 지체없이 송부하여야 하며, 미송부하거나 허위의 사본을 송부하는 자는 1억원 이하의 과태료가 부과된다.

2) 임원 등의 특정증권 등 소유상황 보고

상장법인의 임원 또는 주요주주는 회사의 중요 경영사항 등 미공개정보에 접근하기 용이하여 부당이득을 취할 가능성이 높으므로, 임원 또는 주요 주주의 소유주식 현황을 증권시장에 공시하게 함으로써 부당한 매매거래를 방지할 목적으로 도입된 제도이다.

가) 보고의무 및 종류

상장법인의 임원 또는 주요 주주는 임원 또는 주요 주주가 된 날부터 5일 이내에 누구의 명의로 하든지 자기의 계산으로 소유하고 있는 상장법인의 특정증권 등의 소유상황을 증권선물위원회(금융감독원)와 한국거래소에 보고하여야 하며(신규보고), 소유한 특정증권 등의 수가 변동되는 경우에는 그 변동이 있는 날부터 5일 이내에 해당 변동내용을 보고하여야 한다(변동보고). 참고로, 변동보고의 경우 변동수량이 1,000주 미만이고 그 취득 또는 처분금액이 1천만원 미만인 경우에는 변동보고의무가 면제된다.

나) 보고의무자

보고의무자는 당해 주권상장법인의 임원(이사, 사외이사, 감사, 사실상 임원(상법상 업무집행지시자 등)) 또는 주요 주주(자기의 계산으로 의결권 있는 주식의 10% 이상을 소유하거나, 10% 미만 주주 중 임원의 임면 등 사실상 영향력을 행사하는 주주)가 대상이 된다.

다) 보고의무 발생일

임원 등이 특정증권 등 소유상황을 보고하여야 하는 경우 그 보고기준일은 아래와 같다.

구분	보고의무 발생일
1. 신규보고	
주주총회에서 임원으로 처음 선임된 경우	선임일
사실상 임원이 된 경우	해당 지위를 갖게 된 날
주식을 취득해서 주요 주주가 된 경우	그 취득 등을 한 날
주권이 상장된 경우	상장일
합병 등으로 주권상장법인의 임원·주요 주주가 된 경우	그 합병 등으로 발행된 신주의 상장일
2. 변동보고	
장내매매거래	결제일(체결일+2영업일)
장외매매거래	대금지급일과 주권인도일 중 앞선 날
유상신주의 취득	주금납입일 익일
증권대차거래	특정증권 등 인도일
증여로 인한 취득	특정증권 등 인도일

상속으로 인한 취득	상속확정일 또는 유산분할 종료일
무상신주의 취득	신주 배정 기준일
주식배당으로 인한 신주취득	관련 주주총회일
신주인수권부사채, 주식매수선택권의 권리행사로 신주취득	납입을 한 때
합병으로 인한 합병신주 취득	합병등기일
주식병합, 주식분할, 주식소각	구주제출기간 만료일 또는 채권자 이의절차 종료시

라) 위반시 제재

임원 등의 특정증권 등 소유상황 보고의무를 위반할 경우, 형사처벌(증권선물위원회의 조사요구 불응시 3년 이하 징역 또는 1억원 이하 벌금, 허위보고·미보고의 경우 1년 이하의 징역 또는 3천만원 이하의 벌금) 될 수 있으며, 금융위원회는 위반자에 대해 시정명령, 고발, 수사기관 통보, 경고·주의 등의 조치를 할 수 있다.

나. 수시공시

주식의 대량매수를 통해 상장법인의 주요 주주로 등재한 후 당해 상장법인의 경영에 적극적으로 관여함으로써 기업 및 보유주식 가치의 상승을 추구하는 투자기법을 활용하는 행동주의 펀드는 통상 기존 대주주 및 경영진과의 적대적 관계를 형성할 수밖에 없게 되므로 현실적으로 내부 경영의사결정에 직접 참여할 수는 없게 된다. 이에 따라 행동주의 펀드는 통상 법령에서 허용된 주주권을 활용하여 경영에 참여할 수밖에 없게 되며, 필요시 소송 제기 등을 통해 법원의 판단에 의존할 수밖에 없게 된다.

상장법인은 행동주의 펀드의 경영참여 과정에서 실행하는 여러 조치들 중 상장법인을 상대로 하는 가처분신청 또는 소송의 제기 등은 한국거래소의 공시규정상 경영권분쟁 관련 공시의무사항에 해당하므로 관련사실 확인시 지체없이 당일까지 투자자에게 알릴 수 있도록 주의해야 한다.

또한, 소송 등이 제기되지 않더라도 상장기업의 주가 및 투자자의 투자판단에 중대한 영향을 미칠 수 있는 사실이 발생한 경우에도 상장법인은 포괄주의 공시의무에 따라 당일까지 공시해야 한다.

한편, 공시의무사항에는 해당하지 않을지라도 투자자에게 알릴 필요가 있다고 판단되는 사항도 상장법인의 재량판단에 따라 사유발생일 익일까지 자율공시를 통해 관련사실을 공시할 수도 있다.

1) 경영권분쟁 관련 소송

가) 공시의무사항

상장법인에 대해 임원의 선임·해임을 위한 소수주주의 법원에 대한 주주총회 소집허가 신청, 임원의 선임·해임 관련 주주총회결의의 무효·취소의 소, 임원의 직무집행정지가처분 신청 등 임원의 선임·해임 또는 직무집행과 관련한 경영권분쟁 소송 등의 절차가 제기 또는 신청되거나 그 소송 등이 판결 또는 결정된 경우 상장법인은 해당 사실 확인 당일까지 공시해야 한다[유가증권시장 공시규정 제7조 제1항 제3호 다목(3)].

나) 주요 내용

일반적으로 행동주의 펀드가 제기하는 소송 등에는 회계장부 또는 주주명부 열람·등사 청구, 각종 검사인선임청구권, 주주제안권, 의결권 행사금지 등 다양한 가처분신청, 대표소송권 등이 있으며, 이러한 법률행위가 경영권분쟁과 관련된다면 모두 공시의무사항에 해당하게 된다.

한편, 소송 관련 상장법인의 공시의무는 상장법인이 피소되는 경우에 한하여 발생하며, 상장법인이 소송을 제기하는 경우에는 원칙상 공시의무가 발생하지 않는다. 따라서 상장법인이 피소되거나 그 피소된 소송결과가 확정되는 경우에는 반드시 공시해야 하나, 해당 소송결과 공시 후 상장법인이 항소한 경우에도 공시의무가 발생하는지가 의문시 될 수 있는데, 이 경우에도 공시규정상 기공시 내용의 변동사항 신고의무에 해당함에 따라 공시의무가 발생하므로 상장법인은 주의해야 한다(유가증권시장 공시규정 제45조).

2) 기타 공시사항

가) 포괄주의 공시의무

경영권분쟁 관련 소송 등이 제기되지는 않더라도 상장법인의 기업경영활동 등에 관한 사항으로서 주가 또는 투자자의 투자판단에 중대한 영향을 미치거나 미칠 수 있는 사실 또는 결정이 있는 때에는 포괄주의 공시의무에 따라 해당 사실을 사유발생 당일까지 공시해야 한다(유가증권시장 공시규정 제7조제1항 제4호).

이러한 포괄주의 공시의무는 투자판단에 미치는 영향의 중대성에 대한 상장법인의 사전적 주관적 판단에 의지할 수밖에 없는데, 이러한 판단을 돕기 위해 한국거래소는 연관성·중요성·구체성을 포괄주의 공시의무의 판단기준으로 제시하고 있다. 따라서 상장법인은 소송뿐만 아니라 행동주의 펀드의 다양한 요구사항 및 대응조치 등에 대해서도 해당 판단기준에 따른 공시 의무 발생여부를 검토할 필요가 있으며, 필요할 경우 한국거래소와 공시여부에 대해 사전에 협의하는 것이 바람직하다. 이러한 포괄주의 공시의무는 사유발생 당일까지 공시해야 한다.

나) 자율공시

상기한 공시 의무사항에는 해당하지 않는다고 판단할지라도, 투자자에게 알릴 필요가 있는 사실은 상장법인이 재량껏 판단해 자율공시를 통해 사유발생일 익일까지 공시할 수 있다. 예를 들면, 행동주의 펀드가 주주대표소송을 상장법인의 임원을 대상으로 제기하는 경우, 상장법인이 직접 피소되지 않음에 따라 상장법인에게 공시의무가 발생하지는 않으며 포괄주의 공시의무에도 해당하지 않을 것으로 판단할지라도, 행동주의 펀드의 적극적 경영참여의 일련의 과정 중 하나에 해당하게 되므로 상장법인은 관련사실을 자율공시를 통해 투자자에게 알리는 것을 고려해 볼 수 있다.

3) 위반시 제재

위에서 설명한 공시의무사항을 유가증권시장 상장법인이 위반하게 되면, 한국거래소는 당해 상장법인에 대해 불성실공시법인으로 제재할 수 있으며, 불성실공시법인 지정에 따른 벌점이 지정일 기준 과거 1년간 누적 15점 이상이 되는 경우 관리종목[13]으로 지정된다(유가증권시장 상장규정 제47조 제1항 제12호). 또한, 관리종목지정 중에 추가로 벌점 15점을 받게되면 상장폐지 실질심사 대상이 될 수도 있다(유가증권시장 상장규정 제48조 제2항 제2호).

이러한 관리종목지정 제재는 당해 상장법인의 신뢰성을 훼손할 뿐만 아니라, 매매거래정지, 신규 신용거래 대상증권 제외, 감사인 지정 등 관계법규에 따라 불이익한 조치가 실질적으로 취해지므로, 행동주의 펀드 및 소액투자자 모두에게 손해를 야기하게 된다. 따라서 상장법인은 행동주의 펀드의 경영참여 조치에 따른 공시의무를 충실히 이행함으로써 불성실공시로 인한 불필요한 피해를 예방할 수 있도록 주의해야 한다.

[불성실공시법인 제재(유가증권시장)]

구분	주요내용	제재
불성실공시	미신고, 지연공시, 기공시 변동사항 미신고 등	1건당 벌점 0~10점(±4점)
관리종목	1년동안 누적벌점이 15점 이상인 경우	관리종목지정 및 매매거래정지(1일) 지정 후 1년경과시 해제
상장폐지 실질심사	관리종목지정 중 추가로 벌점 15점 이상인 경우	매매거래정지(상장적격성 인정시까지) 및 상장폐지 실질심사 절차 진행

* (상기 제재 이외의 관리종목지정시 불이익) ① 신규 신용거래 대상증권 제외(금융투자업규정 4-30), ② 위탁증거금용 대용증권 대상 제외(유가증권시장 업무규정 제88조), ③ 감사인 지정(외부감사법 시행령 제14조 제3항), ④ 코스피200 등 상품지수산정 대상 제외 등

---

13) 한편, 코스닥시장 상장법인의 경우에는 1년간 불성실공시법인 지정에 따른 벌점이 15점 이상이 되는 경우 관리종목지정 조치 없이 즉시 상장폐지 실질심사 대상이 될 수 있다(코스닥시장상장규정 제38조 제2항제5호 타목).

3. 상황별 공시의무

가. 행동주의 펀드의 경영참여 단계별 공시의무

행동주의 펀드의 경영참여 방법 및 수단은 투자대상 상장기업의 상황 및 그에 따른 행동주의 펀드의 경영참여 목표와 전략에 따라 선택적으로 다양하게 전개되고 있다.

행동주의 펀드의 경영참여 단계 및 각 단계에서 일반적으로 선택될 수 있는 경영참여 수단에 따라 발생가능한 주요 공시의무를 예시하면 아래와 같다.

[경영참여 단계별 주요 신고·공시의무]

단계	행동주의 펀드 경영참여 형태	발생가능 공시의무
최초신고 (지분매집공개)	최초 5% 이상 지분취득	(펀드) 신규보고(5% 공시) (펀드) 임원·주요 주주 소유상황보고
지분 추가매수	추가 매수로 1% 이상 지분율 증가	(펀드) 변동보고(5% 공시) (펀드) 임원·주요 주주 소유상황보고

경영참여	1. 정보공개 요구
	  회계장부열람/등사청구(제466조)
	  주주명부열람/등사청구 등
	
	2. 청구권/소수주주권 행사
	  업무/재산상태 조사 검사인선임청구권
	  (제467조제1항)
	  주주총회 검사인선임청구권(제367조제2항)
	  주주총회 소집청구권(제366조)
	  집중투표청구권(제382조의2)
	  이사 해임청구권(제385조제2항)
	  이익공여주주에 대한 이익반환청구권
	  (제467조의2제4항)
	  주주제안권(제362조) 등
		(상장법인)
		경영권분쟁 관련 소송공시

	3. 책임추궁 이사의 위법행위 유지청구권(제402조) 대표소송권(제403조제1항) 등	
	4. 가처분 소송 의결권행사금지 가처분, 임시총회허가 가처분, 주주총회결의 효력정지 가처분, 직무집행정지 가처분, 이사위법행위금지 가처분 등	
	5. 본안소송 주주권 확인의 소, 주식명의개서의 소, 임원에 대한 손해배상 청구, 위법행위 유지 청구, 이사회 결의 효력 부존재/무효의 소 등	
투자회수	매각으로 1% 이상 지분율 감소	(펀드) 변동보고(5% 공시) (펀드) 임원·주요 주주 소유상황보고

* 상기표의 괄호는 상법상 관련 조문번호임.

나. 상장법인의 방어 수단별 공시의무

행동주의 펀드의 공격에 대한 상장법인의 주요 방어수단별 신고·공시의무를 살펴보면 아래와 같다.

단계	상장법인	발생가능 공시의무
방어	1. 우호지분확보 – 제3자배정 유상증자 – 자기주식 매각	유상증자결정 공시 자기주식처분결정 공시
	2. 항소/상고 – 소송결과에 대한 항소	기타경영사항(자율공시)
	3. 주주중시 의사결정 – 배당결정 – 지배구조 개선 결의 등	기타경영사항(자율공시) 기타경영사항(자율공시)

4. 관련 공시 및 주가변동

　　최근 행동주의 펀드의 경영참여시도 실제사례((주)KCGI(일명 '강성부펀드') vs (주)한진칼)를 중심으로 진행단계별 주요 신고·공시사항 및 주가변동을 살펴보면 다음 그림과 같다. 동 사례에서 행동주의 펀드의 공시가 투자대상 상장법인의 주가변동에 상당한 영향을 미치고 있음을 확인할 수 있다.

　　이와 같이 행동주의 펀드의 경영참여 시도와 관련된 공시는 상당한 주가변동성을 수반할 가능성이 크므로 관련정보가 지체없이 적시에 시장에 공평하게 공개되도록 노력하여야 한다. 또한 공시 전에는 관련 미공개 내부정보의 유용행위가 방지될 수 있도록 내부정보관리에 대한 철저한 통제도 매우 중요한데, 자본시장법에서는 내부자 등의 미공개 중요정보의 이용행위(불공정거래)에 대해 벌금, 징역 등 형사상 제재를, 2차 이상 정보수령자의 미공개정보 이용행위(시장질서 교란행위)에 대해서는 과징금을 부과할 수 있도록 규정하고 있음에 유의해야 한다.

　　한편, 향후 행동주의 펀드의 투자사례는 증가할 가능성이 상당하고 이로 인한 주가변동이 상당히 유의적일 가능성이 높은 반면, 행동주의 펀드의 특성을 고려한 맞춤형 공시의무는 현재 정립되어 있지 않은 것이 현실이다. 따라서 투자자보호 관점에서 행동주의 펀드의 특성 및 행태를 반영하여 공시대상 범위를 구체화하고, 공시시점(현재 지분공시는 5일 이내, 수시공시는 당일 또는 익일 이내)도 앞당기는 등 관련 논의를 개시할 필요가 있어 보인다.

[강성부펀드 관련 주요 공시경과('19년말 기준)]

공시일	공시유형	주요내용	비고
'18.11.15	지분공시	(강성부펀드) 9% 신규보고	지분매집 최초공개
'18.12.27	지분공시	(강성부펀드) 10.81% 변동보고	
'19.1.28	소송	(강성부펀드) 주주명부 열람등사 가처분신청	인용
'19.2.22	소송	(강성부펀드) 주총의안상정 가처분신청	대부분 인용
'19.3.6	수시공시	(한진칼) 주총의안상정 가처분 이의 즉시항고	인용
'19.3.8	지분공시	(강성부펀드) 12.01% 변동보고	
'19.3.14	수시공시	(한진칼) 현금배당결정(주당 300원)	전년 : 주당 150원
'19.3.14	수시공시	(강성부펀드) 검사인 선임 청구	선임결정
'19.3.14	참고서류	(한진칼) 의결권 대리행사 권유	Proxy fight
'19.3.15	참고서류	(강성부펀드) 의결권 대리행사 권유	
'19.3.18	지분공시	(강성부펀드) 12.80% 변동보고	
'19.3.29	주주총회	(한진칼 제안) 원안 모두 승인 (국민연금 제안) 정관변경안 부결 (강성부펀드 제안) 가처분 패소로 모두 취소	(대한항공 주총) 조양호 선임 부결 (국민연금 반대)
'19.4.24	지분공시	(강성부펀드) 14.98% 변동보고	
'19.5.28	지분공시	(강성부펀드) 15.98% 변동보고	
'19.6.4	소송	(강성부펀드) 검사인 선임 청구	일부인용
'19.6.5	소송	(강성부펀드) 장부등 열람허용 가처분신청	취하
'19.10.8	자율공시	(강성부펀드) 주주대표소송	전현직 임원 대상
'19.12.23	지분공시	(강성부펀드) 17.29% 변동보고	

* (강성부 펀드 지배구조) 강성부 → ㈜KCGI → KCGI 제1호 PEF → (유)그레이스홀딩스
* (㈜한진칼 지배구조) 조양호 등 → ㈜한진칼 → ㈜대한항공

[주요 공시 시점별 ㈜한진칼 주가 현황]

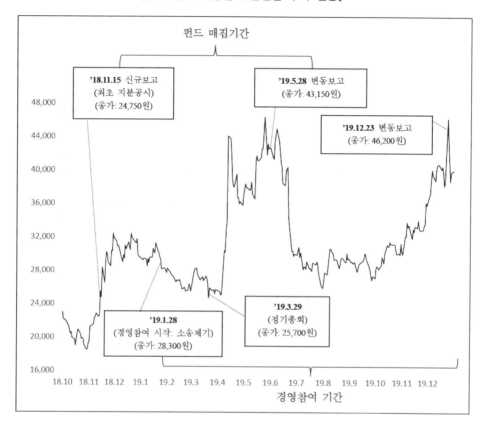

참고문헌

1. 단행본

한국거래소, 유가증권시장 상장·공시 업무해설서(2020.2).
한국거래소, 유가증권시장 상장·공시 실무사례(2018.9).
금융감독원, 기업공시 실무안내(2020.1).

2. 논문

박선영, "대리인 자본주의와 기관투자자의 주주활동", 자본시장연구원 자본시장포커스 2019−16호(2019.7).
안상희, "Proxy Issue", 대신지배구조연구소 Issue Report(2019.9.4).
정대익, "주주행동주의의 법적 한계", 경영법률 제27권제2호(2017. 1).
김예구, "주주행동주의와 행동주의 펀드의 성장", KB금융지주경영연구소 KB지식비타민 2015−10호(2015.2).
서진석, "펀드자본주의와 주주행동주의의 실체와 우려", 한국상장회사협의회 상장 2007. 4월호(2007.4).

3. 기타

금융감독원, 찾아가는 기업공시 설명회 자료(2020.7).
김일문, "한국형 행동주의펀드 KCGI, 첫 타깃 한진칼 '정조준'", 더벨(2018.11.15).
고설봉, "[KCGI vs 한진家] 첫 대결 '완패' KCGI, 전략 수정할까" 더벨(2019.4.2).
고설봉, "[KCGI vs 한진家] '강성부' 승산 있나 … 다시 돌아본 '2019 정기주총'", 더벨(2019.6.28).
금융감독원, "상장사 지분공시 관련 "유의사항" 놓치지 마세요", 보도자료(2019.10.4).

김민경, "국내 행동주의 펀드 뭉친다…내달 기업거버넌스協 설립", 서울경제(2019.11.7.).

강광우, "'착한 기업' 만들어 수익률 높인다는 국민연금 … 코스피와 차이 없어", 중앙일보(2019.11.18).

주주행동주의와 공정거래법

이병주

파트너 변호사. 파트너 변호사. 서울대 법대 졸업 후 미국(University of Southern California, LLM)과 네덜란드(Leiden University, LLM)에서 독점규제법과 EU법을 수학하였다. 현재 법무법인(유) 지평에서 국내외 공정거래 이슈와 관련하여 자문 및 소송업무를 폭넓게 수행하고 있다.

이종헌

변호사. 서울대 법대 및 서울대 로스쿨 졸업 후 서울대 법과대학원 박사과정을 수료하였다(행정법). 현재 법무법인(유) 지평에서 다양한 공정거래 자문 및 소송업무를 수행하고 있다.

PART 3

주주행동주의와 공정거래법

1. 들어가며

주주행동주의와 관련해 「독점규제 및 공정거래에 관한 법률」(이하 '공정거래법') 상 이슈가 제기될 가능성이 있다. 특히, 기존 주주 또는 새로운 주주가 대상회사의 지분을 일정 비율 이상 취득하거나, 대상회사에 대한 감독·감시 권한을 강화하기 위해 임원을 선임하는 경우 기업결합 신고의무가 문제된다.

다음으로 지분취득이나 임원선임 권한의 행사로 인해 계열편입 및 기존 주주 측으로부터의 계열제외 이슈가 발생할 수 있다. 그 밖에도 공정거래법상 공시 이슈 등이 함께 논의될 필요가 있다. 마지막으로 최근 도입된 국민연금의 수탁자책임에 관한 원칙(스튜어드십 코드)과 관련한 공정거래법상 연계 이슈도 살펴보도록 하겠다.

참고로, 공정거래법은 다음 <표>와 같이 공정하고 자유로운 경쟁을 촉진하기 위한 목적에 따라 (i) 시장구조 개선을 위한 규정과 (ii) 불공정한 거래행태 개선을 위한 규정을 각각 두고 있다. 이러한 체계하에서 주주행동주의와 관련해 문제될 수 있는 공정거래 이슈는 다음 표 안의 음영 부분과 같다.

〈표〉 공정거래법의 구조

시장구조 개선	거래행태 개선
① 경제규제완화 및 경쟁제한제도 개선	① 시장지배적지위의 남용금지
② 독과점적 시장구조의 개선	② 부당한 공동행위의 금지
③ 지주회사의 행위제한	③ 사업자단체의 금지행위
④ 경쟁제한적 기업결합의 금지	④ 불공정거래행위의 금지(부당지원행위 등)
⑤ 경제력집중의 억제 (계열편입, 공시이슈 등)	⑤ 재판매가격유지행위의 제한

출처: 공정거래위원회, 공정거래 제도의 개요, 2016.

2. 기업결합 신고 및 심사 관련내용

가. 공정거래법상 기업결합의 유형

기업결합이란 상호 독립적으로 운영되던 기업들이 자본적·인적·조직적 결합을 통하여 단일한 소유권 또는 지배력하에 통합되는 것을 말한다. 일반적으로 통용되는 M&A(인수·합병)와 유사한 개념이나 양자가 동일한 개념은 아니다.[1]

공정거래법에 따르면, 누구든지 직접 또는 특수관계인을 통하여 아래 5가지 유형 중 어느 하나에 해당하는 기업결합으로서 일정한 거래분야에서 경쟁을 실질적으로 제한하는 행위를 해서는 안 된다고 규정한다(공정거래법 제7조).

이러한 기업결합의 유형에는 (i) 다른 회사의 주식취득 또는 소유, (ii) 임원 또는 종업원에 의한 다른 회사의 임원 겸임(이하 "임원겸임"), (iii) 다른 회사와의 합병, (iv) 다른 회사의 영업의 전부 또는 주요 부분의 양수·임차 또는 경영의 수임이나 다른 회사의 영업용고정자산의 전부 또는 주요 부분의 양수(이하 "영업양수"), (v) 새로운 회사설립에의 참여의 5가지 유형이 있다.

주주행동주의와 관련해 주로 문제될 수 있는 기업결합 유형은 위 (i)~(v)

---

1) 공정거래위원회, 기업결합신고 가이드북, 2019, 52면.

중 (i) 주식취득과 (ii) 임원겸임이다. 주주가 대상회사에 대한 영향력을 강화하고 행동주의 철학을 관철시키는 과정에서 새롭게 또는 추가로 대상회사 주식을 매수할 수 있다. 그리고 대상회사의 이사 또는 감사를 포함한 등기임원 선임에 관여하여 대상회사를 영향력 하에 두는 경우 임원겸임에 의한 기업결합이 발생할 수 있기 때문이다. 이하에서는 기업결합 유형 중 주식취득과, 임원겸임을 위주로 살핀다.

나. 기업결합 신고의무

공정거래법은 개별 기업결합이 일정한 거래분야(이하 "관련 시장")에서 경쟁을 제한하는지 여부에 관심을 가진다. 이때 관련 시장은 기업결합 당사회사[2]가 영위하는 사업 분야를 거래대상(상품·용역)과 거래지역 등을 기준으로 구분한 것이다.[3] 일정한 요건을 갖춘 기업결합을 하기 위해서는 사전 또는 사후적으로 공정거래위원회에 신고(이하 "기업결합신고")하여 경쟁제한성을 심사받도록 한다(공정거래법 제12조).

기업결합 신고의무가 있는지 여부를 확인하기 위해서는 우선, 공정거래법이 정하는 5가지 기업결합 유형에 해당하는지를 살펴야 한다.

---

2) 기업결합 당사회사에 관해 공정거래법은 명시적으로 정의하고 있지 아니하나(제7조 제4항 제1호 등), 공정거래위원회의 「기업결합 심사기준」은 취득회사와 피취득회사를 아우르는 개념으로 설명한다(Ⅲ. 2.). 이는 기업결합 신고 관점에서 신고회사 및 상대회사와 유사하나, 다른 개념이다.
  이때 "취득회사"란 주식취득·소유의 경우에는 당해 주식을 취득·소유하는 회사, 임원겸임의 경우에는 자기의 임원 또는 종업원(이하 "임직원")으로 하여금 상대회사의 임원지위를 겸임하게 하는 대규모회사(*자산총액 또는 매출액 규모가 2조원 이상인 회사를 의미함), 새로운 회사설립에의 참여 경우에는 출자회사, 합병의 경우에는 합병 후 존속하는 회사, 영업양수의 경우에는 양수회사를 의미한다. 다만, 회사의 특수관계인으로서 회사가 아닌 자가 주식을 취득소유하거나 회사설립에 참여하는 경우에는 그 회사를 말한다(「기업결합 심사기준」 Ⅱ. 4.).
  다음으로 "피취득회사"란 주식취득소유의 경우에는 당해 주식을 발행한 회사, 임원겸임의 경우에는 대규모회사 임직원을 자기 임원으로 선임한 회사, 새로운 회사설립에의 참여의 경우에는 새로 설립되는 회사, 합병의 경우에는 합병으로 소멸되는 회사, 영업양수의 경우에는 양도회사를 말한다(「기업결합 심사기준」 Ⅱ. 5.).
3) 일정한 거래분야라 함은 거래의 객체별·단계별 또는 지역별로 경쟁관계에 있거나 경쟁관계가 성립될 수 있는 분야를 말한다(공정거래법 제2조 제8호).

1) 신고대상 기업결합 유형

가) 주식취득

기업결합 유형 중 '주식취득'에 따른 기업결합 신고의무는 다음 2가지 경우에 발생한다.

먼저 다른 회사가 발행한 주식총수의 20%(상장법인은 15%)[4] 이상을 소유하게 되는 경우이다(공정거래법 제12조 제1항 제1호). 따라서 다른 회사가 발행한 주식 총수의 20% 이상을 신규로 단번에 취득하는 경우는 물론, 발행주식 총수의 20% 미만인 주식을 보유하고 있던 기존 주주가 당해 회사 주식을 추가 취득하여 20% 이상을 넘기는 경우 주식취득에 의한 기업결합 신고의무가 발생한다.

다음으로 이미 다른 회사의 발행주식 총수의 20% 이상 소유한 자가 당해 회사 주식을 추가 취득하여 최다출자자가 되는 경우 주식취득에 의한 기업결합 신고의무가 발생한다(공정거래법 제12조 제1항 제2호).

이때 회사 발행주식에는 주식회사의 주식뿐만 아니라 합명, 합자, 유한회사의 지분도 포함된다(공정거래법 제2조 제1호의2). 따라서 주식회사 외 합자회사 등을 주주 행동주의의 타깃(target)으로 삼는 경우에도 기업결합 이슈를 체크할 필요가 있다.

상법 제344조의3 제1항에 따른 의결권 없는 종류주식은 발행주식 총수를 계산할 때 제외된다.[5] 위 의결권 없는 주식을 취득하는 경우에는 '주식취득'에 따른 기업결합 신고의무는 발생하지 않는다. 그러나 의결권 없는 주식을 20% 이상 취득했으나, 이후 주주총회 의결 등을 통해 의결권이 회복되는 경우에는 사후적으로 기업결합 신고의무가 발생할 수 있으므로 유의해야 한다(공정거래법 제12조 제6항 단서, 동법 시행령 제18조 제9항 제2호, 「기업결합의 신고요령」 III. 1. 나.).

자본시장법 제147조 대량보유보고를 위반하여 의결권 행사가 제한되는 주

---

4) 이하에서는 달리 언급하지 아니하는 한 편의상 상대회사를 비상장회사로 전제하여 20%를 기준으로 설명한다.

5) 공정거래법 법문은 상법 제370조에 따른 의결권 없는 주식이라고 표현하나, 2011년 개정된 상법에 따라 제344조의3 제1항을 의미한다.

식은 발행주식 총수에 포함되는가? 자본시장법에 따르면, 대량보유보고를 위반한 경우 의결권 있는 발행주식 총수의 5%를 초과하는 부분 중 위반분에 대해서는 의결권 행사가 제한되기 때문이다(제150조 제1항). 해당 주식은 비록 의결권 행사가 제한되더라도 지분율 20% 이상 소유 여부를 판단할 때 산입한다. 공정거래법은 상법 제344조의3 제1항에 따른 의결권 없는 종류주식만을 제외한다고 규정할 뿐, 그 밖에 위 자본시장법 제150조 제1항에 따라 의결권 행사가 제한되는 경우를 비롯해 상법, 자본시장법, 공정거래법, 은행법 등에서 규정한 자사주, 특별 이해관계자가 보유한 주식, 금융회사가 보유한 계열사 주식으로 의결권 행사가 제한된 주식의 경우에 대해서는 아무런 언급을 하고 있지 않다. 이들 주식은 특정 목적을 위해 일시적으로 의결권이 제한을 받은 것에 불과하기 때문이다. 공정거래위원회도 이들은 공정거래법 제12조 제1항 제1호에서 말하는 "의결권 없는 주식"에 해당하지 않는다는 입장이다.[6]

주식의 소유 비율을 산정하거나 최다출자자 여부를 판단할 때는 기업결합 신고주체의 특수관계인[7]이 소유한 주식도 전부 합산해 판단한다(공정거래법 제12조 제5항). 그런데 사안에 따라 기업결합 신고주체 입장에서는 자신의 특수관계인이 소유한 대상회사 주식이 얼마나 되는지 알기 어려울 수 있다. 예컨대 왕래가 잦지 않은 친족이 있고 친족분리가 되지 않은 경우로서 대상회사 주식을 보유하고 있는 경우가 그러하다. 이 경우 자칫 기업결합 신고의무를 위반할 수 있으므로 유의할 필요가 있다.

나) 임원겸임

대규모회사[8]가 자신의 임원 또는 종업원을 다른 회사의 임원으로 겸임하

---

6) 공정거래위원회(55면 각주 1), 88면.

7) 여기에서 특수관계인은 ① 당해 회사를 사실상 지배하고 있는 자(동일인. 총수 개인이 동일인인 그룹과 법인이 동일인인 그룹이 존재함), ② 동일인관련자(공정거래법 시행령 제3조 제1호 각목에 해당하는 자를 의미함. 예컨대 친족, 계열회사, 동일인이 지배하는 단체 등이 포함됨. 단, 동 시행령 제3조의2 및 제3조의3에 따라 동일인관련자로부터 제외된 자는 미포함), ③ 경영을 지배하려는 공동의 목적을 가지고 당해 기업결합에 참여하는 자를 의미한다(공정거래법 시행령 제11조).

8) 대규모회사란 기업결합 신고주체 및 그 계열회사의 자산총액 또는 매출액 합계가 2조 원 이상인

게 하는 경우에도 기업결합 신고의무가 발생한다(공정거래법 제12조 제1항 제3호). 이때 임원은 등기임원을 의미한다.[9]

　다른 기업결합 유형과는 달리, 신고주체가 대규모회사에 한정된다. 따라서 대규모회사가 아닌 자가 임원겸임을 하는 경우에는 기업결합신고가 불필요하다(공정거래법 제7조 제1항 단서). 유의할 점은, 명칭에도 불구하고 기업결합 신고회사 입장에서는 임원뿐만 아니라 자신의 직원을 상대회사 등기임원으로 겸임시키는 경우에도 기업결합 신고유형인 '임원겸임'에 해당한다.

　겸임하는 임원의 수, 직위는 변동하지 않고, 단지 자연인만 변경되는 경우라면 기업결합 신고가 불필요하다(「기업결합의 신고요령」 III. 2. 나). 예컨대 A사가 자신의 직원 1인(B)을 상대회사의 사내이사로 겸임하게 하고 있었는데, 동 이사의 임기만료와 함께 B 대신 자신의 다른 직원(C)을 같은 사내이사로 겸임하게 하는 경우에는 별도 기업결합신고가 불필요하다.

　앞에서 살펴본 주식취득·소유와 임원겸임은 기업결합 유형이 다르다. 그러므로 주식취득 또는 소유를 이유로 기업결합신고를 하였더라도, 이후 임원겸임이 발생한다면 별도로 기업결합신고의무가 발생하는 것이 원칙이다. 예컨대, 20% 이상 주식취득 후 주주간계약에 따라 부여받은 임원선임 권한을 행사하는 경우이다.

　단, 공정거래위원회는 실무상 기업결합 신고의무가 발생할 정도의 상당한 비율로 주식을 취득할 경우 임원선임 권한을 함께 가지는 경우가 많다는 점을 고려하고 있다. 즉, (i) 주식취득·소유에 관한 기업결합신고 시 임원겸임 계획을 함께 제출하고, 동 계획에 따라 임원겸임이 이루어지거나, (ii) 주식취득·소유에 관한 기업결합신고에 대하여 당시 공정거래위원회가 지배관계가 형성된다고 인정하여 심사하였음을 확인하는 경우에는 별도로 주식취득 또는 소유 후의 임원겸임에 대해 기업결합신고를 하지 않아도 된다(「기업결합의 신고

회사를 말한다(공정거래법 제7조 제1항 단서, 시행령 제12조의2).

9) 임원은 이사·대표이사·업무집행을 하는 무한책임사원·감사나 이에 준하는 자 또는 지배인등 본점이나 지점의 영업전반을 총괄적으로 처리할 수 있는 상업사용인을 말한다(공정거래법 제2조 제5호).

요령」 III. 1. 바.).

2) 신고 규모요건

기업결합 유형에 해당할 경우, 당해 기업결합에 참여하는 회사의 자산총액 또는 매출액 등이 일정한 규모를 갖추었는지 확인하게 된다(공정거래법 시행령 제18조 제1 내지 3항). 이때 금융업 또는 보험업을 영위하는 회사는 자산총액 대신 자본총액과 자본금 중 큰 금액을 사용하고, 매출액 대신 영업수익을 사용하여 판단한다(시행령 제12조 제1, 3항).

기업결합에 참여하는 신고회사 및 상대회사는 직전 사업연도 자산총액 또는 매출액을 기준으로 어느 일방이 3,000억 원 이상, 상대방은 300억 원[10] 이상일 것이 각각 요구된다(공정거래법 시행령 제18조). 단, 임원겸임의 경우에는 임원을 겸임시키는 신고회사가 대규모회사, 즉 자산총액 또는 매출액 2조 원 이상일 것이 요구된다. 따라서 대규모회사가 아닌 회사의 임직원이 대규모회사

---

10) 2020. 12. 29. 공포되어 시행을 앞둔 개정 공정거래법(법률 제17799호)에 따르면, 아래와 같이 피취득회사의 매출액 및 자산총액이 300억 원에 미달하더라도 (i) 거래금액(인수가액)이 크고 (ii) 위 피취득회사 또는 그 특수관계인이 국내 시장에서 상품 또는 용역을 판매·제공하거나, 국내 연구시설 또는 연구인력을 보유·활용하는 등 국내 시장에서 상당한 수준으로 활동하고 있는 경우를 신고대상으로 삼고 있다(제11조 제2항). 대기업이 규모는 작지만 성장잠재력이 큰 벤처기업이나 스타트업 등을 거액에 인수하는 경우를 염두에 둔 규정이다. 개정 법률의 주요 내용에 관해서는 공정거래위원회, "공정거래법 전부개정안 국회 본회의 통과", 보도자료(2020. 12. 9.) 참조.

> 〈개정 공정거래법〉
> 제11조(기업결합의 신고) ① (생략)
> ② 기업결합신고대상회사 또는 그 특수관계인이 상대회사의 자산총액 또는 매출액 규모에 해당하지 아니하는 회사(이하 이 조에서 "소규모피취득회사"라 한다)에 대하여 제1항 제1호, 제2호 또는 제4호에 해당하는 기업결합을 하거나 기업결합신고대상회사 또는 그 특수관계인이 소규모피취득회사 또는 그 특수관계인과 공동으로 제1항 제5호의 기업결합을 할 때에는 다음 각 호의 요건에 모두 해당하는 경우에만 대통령령으로 정하는 바에 따라 공정거래위원회에 신고하여야 한다.
>   1. 기업결합의 대가로 지급 또는 출자하는 가치의 총액(당사회사가 자신의 특수관계인을 통하여 지급 또는 출자하는 것을 포함한다)이 대통령령으로 정하는 금액 이상일 것
>   2. 소규모피취득회사 또는 그 특수관계인이 국내 시장에서 상품 또는 용역을 판매·제공하거나, 국내 연구시설 또는 연구인력을 보유·활용하는 등 대통령령으로 정하는 상당한 수준으로 활동할 것

(상대회사)의 임원을 겸임하더라도 공정거래법상 기업결합 신고대상이 아니다.

　　이때 자산총액 또는 매출액은 당해 기업결합일 전부터 기업결합일 후까지 계속하여 계열회사 지위를 유지하고 있는 회사의 자산총액 또는 매출액을 합산하여 산정한다.[11] 기업결합 신고회사만이 아니라 상대회사도 마찬가지이다. 따라서 주식을 취득하는 상대회사가 소규모 회사라 할지라도 자산총액 규모가 수조 원에 이르는 대규모기업집단[12]의 소속회사라면 기업결합 신고대상에 해당할 수 있다.

　　(사례1) 자산총액 규모가 수조 원에 이르는 대규모기업집단 소속회사인 A사가 자산총액 500억 원인 B사의 의결권부 주식 20% 이상을 신규 취득하려고 할 때, A사의 단독 자산총액 또는 매출액 중 큰 금액이 3,000억 원 미만이라 하더라도 A사는 신고 규모요건을 충족하여 기업결합 신고의무가 발생할 수 있다. A사가 속한 기업집단의 자산총액 합계액이 3,000억 원 이상이기 때문이다.

　　(사례2) 자산총액이 3,000억 원 이상인 A사가 자산총액 또는 매출액 중 큰 금액이 1억 원에 불과한 B사의 의결권 있는 발행주식 총수의 20% 이상을 신규 취득하는 경우라 하더라도, 기업결합 전후를 불문하고 B사가 자산총액 합계가 수조 원에 이르는 대규모기업집단 소속회사라면 기업결합 신고의무가 발생할 수 있다.

---

11) 영업양수의 경우에는 영업을 양도(영업의 임대, 경영의 위임 및 영업용 고정자산의 양도를 포함한다)하는 회사의 자산총액 또는 매출액의 규모는 계열회사의 자산총액 또는 매출액을 합산하지 아니한 규모를 말한다(공정거래법 제12조 제2항 단서).

12) 대규모기업집단은 공정거래법 제14조에 따라 공정거래위원회가 매년 지정하는 공시대상기업집단(자산총액 합계액 5조 원 이상), 상호출자제한기업집단(자산총액 합계액 10조 원 이상)을 함께 의미한다. 참고로 최근 공포된 개정 공정거래법(법률 제17799호)에 따르면, 상호출자제한기업집단의 범위는 종전 자산총액 합계액 10조 원 이상에서, 경제규모 성장에 연동하여 자동적으로 결정될 수 있도록 국내총생산액의 0.5퍼센트 이상으로 변경된다(제31조 제1항). 변경되는 지정기준은 위 개정 법률 시행 이후 최초로 국내총생산액이 2,000조 원을 초과하는 것으로 발표된 해의 다음 연도에 이루어지는 상호출자제한기업집단의 지정부터 적용한다(부칙 제4조). 개정 법률의 주요 내용에 관해서는 공정거래위원회(60면 각주 10) 참조.

단, 자산총액 또는 매출액을 합산하는 계열회사인지 판단할 때, 당해 기업 결합으로 인해 기존 계열관계가 변동될 경우 이를 고려해야 한다. 공정거래법 은 자산총액 또는 매출액을 합산하는 계열회사의 요건을 "기업결합일 전부터 기업결합일 후까지 계속하여 계열회사의 지위를 유지하고 있는 회사"로 정의하 기 때문이다(제12조 제2항). 따라서 주식취득으로 인해 계열관계가 변동할 경우, 계열관계가 상실되는 기존 계열회사들의 자산총액 또는 매출액은 신고 규모요 건 판단 시 합산할 필요가 없다. 예컨대 위 (사례2)에서 A사가 B사의 의결권 있는 발행주식 총수의 50%＋1주를 취득하여 단독 최다출자자가 됨으로써 B사 가 기존 대규모기업집단에서 계열제외 된다면, B사의 자산총액 또는 매출액 산 정 시 기존 대규모기업집단에 속한 계열회사의 자산총액 또는 매출액은 합산할 필요가 없다. 기존 기업집단에서 계열제외된 결과 B사 단독으로 신고 규모요건 을 충족하지 못한다면, A사는 당해 기업결합에 대해 신고가 불필요하다. 단, B 사가 자회사를 지배하고 있는 경우와 같이, 당해 기업결합 전후로 B사와 계열 회사 지위를 유지하는 회사가 있다면 이들 회사의 자산총액 또는 매출액은 B 사의 신고 규모요건 판단 시 합산해야 할 것이다. 계열 편입 및 제외에 관한 구 체적 판단 기준은 다음 3.항에서 자세히 살펴보겠다.

3) 외국기업이 포함된 기업결합의 신고 규모요건

기업결합 신고회사 또는 상대회사가 외국기업인 경우가 있을 수 있다. 이 때 공정거래법 시행령은 (i) 신고회사와 상대회사가 모두 외국회사이거나 (ii) 상대회사가 외국회사인 경우에는 별도의 신고 규모요건을 요구하는데, 여기에 따르면 본래의 신고 규모요건을 충족하는 동시에 (i) 또는 (ii)에서 각 외국회사 의 "국내 매출액"이 300억 원 이상일 것을 요구한다. 이때 외국회사는 외국에 주 된 사무소를 두고 있거나 외국 법률에 따라 설립된 회사를 말한다(시행령 제18조 제3항).

만약 외국회사가 신고주체로서 국내회사를 기업결합하는 경우는 어떠한 가? 외국계 회사형(뮤추얼) 펀드가 국내회사의 주식을 취득하는 경우 등을 예로

들 수 있다. 이 경우에는 국내매출액 요건이 불필요하며, 앞서 2)항에서 살펴본 신고 규모요건을 갖추는 것으로 족하다.[13]

이때 국내 매출액이란 외국회사의 대한민국에 대한 매출액을 의미한다. 기업결합 당사회사 각각 기업결합일 전부터 기업결합일 후까지 계열회사의 지위를 유지하고 있는 회사의 국내 매출액을 합산해서 판단한다(「기업결합의 신고요령」 IV. 1.).

외국회사의 계열회사는 어떻게 판단하는가? 공정거래법상 계열회사 판단에 관한 기준(시행령 제3조)을 참조하되, 계열회사 판단의 어려움을 고려하여 연결재무제표(consolidated financial statements) 작성 시 대상이 되는 회사는 계열회사에 해당하는 것으로 간주하고 있다(「기업결합의 신고요령」 IV. 3.).[14]

4) 신고 시기: 사전신고 또는 사후신고

기업결합 당사회사 중 하나 이상의 회사, 즉 신고회사 또는 상대회사가 대규모회사라면 사전신고 대상이고, 그렇지 않으면 사후신고 대상이다. 사후신고 대상이라면 '기업결합일'로부터 30일 이내에 신고하면 되나, 사전신고의 경우에는 일정한 기준일(신고기산일)로부터 '기업결합일' 전까지 신고해야 한다(공정거래법 제12조 제6항).

단, 임원겸임의 경우에는 앞서 살펴본 것처럼 임원을 겸임시키는 신고회사가 대규모회사일 것이 요구된다. 그리고 임원겸임의 기업결합은 언제나 사후신고 대상이다.

'기업결합일'과 구체적인 기업결합 신고시기를 정리하면 <표>와 같다(공정거래법 시행령 제18조 제8항).[15]

---

13) 공정거래위원회(55면 각주 1) 14면.
14) 참고로, 연결재무제표상 종속기업 개념이 공정거래법상 계열회사 개념과 언제나 일치하는 것은 아니다.
15) 공정거래위원회(55면 각주 1), 16면, 69~70면.

〈표〉 각 유형별 기업결합일

구분		기업결합일
주식취득	구주 취득	• 주권 발행시 – 주권 교부일 • 주권 미발행시 – 주식대금 지급일 • 주권 교부일 또는 주식대금 지급일 전 합의·계약 등으로 의결권 기타 주식에 관한 권리가 실질적으로 이전되는 경우 : 당해 권리 이전일
	신주 취득	• 주식대금 납입기일 다음날
	주식회사 외 회사의 지분 양수	• 지분양수의 효력 발생일
	위 구주취득, 신주취득, 주식회사 외 회사의 지분양수에 해당하지 않는 경우로서 감자, 주식소각, 기타 사유로 주식소유 비율이 증가하는 경우	• 주식소유 비율의 증가가 확정되는 날

	전환사채 또는 신주인수권부사채에 기한 주식취득	• 주주가 되는 시점
		  – 전환사채 : 전환청구로 인한 전환 효력 발생일
		  – 신주인수권부사채 : 신주의 발행가액 전액 납입일

임원겸임		• 주주총회/사원총회의 임원선임 의결일
영업양수		• 영업양수대금 지급 완료일 • 단, 계약체결일부터 90일을 경과하여 영업양수 대금 지급을 완료하는 경우에는 당해 90일이 경과한 날
합병		• 합병등기일
회사설립		• 주식대금 납입기일 다음날

〈표〉 각 유형별 기업결합 신고시기

구분	당사회사	기업결합 유형	신고시기
사전신고	대규모회사	주식취득	• 주식을 취득·소유하기로 계약·합의 등을 하거나 이사회 등을 통해 결정된 날부터 기업결합일 전까지
		합병	• 합병계약 체결일부터 기업결합일 전까지
		영업양수	• 영업양수계약 체결일부터 기업결합일 전까지
		회사설립 참여	• 주총/이사회 의결일부터 기업결합일 전까지
사후신고	대규모회사 외의 자	주식취득	• 주권교부일 등으로부터 30일 이내
		합병	• 합병등기일로부터 30일 이내
		영업양수	• 영업양수대금 지불완료일로부터 30일 이내
		회사설립 참여	• 주식대금 납입기일 다음날로부터 30일 이내
	(신고회사가) 대규모회사	임원겸임	• 겸임되는 회사의 주주총회/사원총회에서 선임이 의결된 날로부터 30일 이내

5) 간이신고 대상: 신고서류 간소화

공정거래위원회에 기업결합신고를 하기에 앞서 간이신고 대상인지 확인할 필요가 있다. 일정한 요건을 갖춘 기업결합은 간이신고 대상에 해당한다. 간이신고 대상에 해당할 경우 기업결합신고서에 첨부할 자료가 일반신고 대상에 비해 간소하다.

구체적으로 간이신고 대상이 되는 경우는 다음 ①~⑤의 어느 하나에 해당하는 경우이다(「기업결합의 신고요령」 II. 2.).

① 당사회사가 특수관계인인 경우(경영 지배의 공동목적을 가지고 결합에 참여하는 자는 제외)
② 상대회사 임원 총수의 1/3 미만을 겸임하는 경우(다만, 대표이사 겸임은 제외)
③ 「자본시장과 금융투자업에 관한 법률」 제9조 제19항 제1호의 경영참여형 사모

> 집합투자기구(PEF)의 설립에 참여하는 경우
> ④ 「자산유동화에관한법률」 제2조 제5호의 규정에 따른 유동화전문회사를 기업결
>   합하는 경우
> ⑤ 「선박투자회사법」에 따른 선박투자회사의 설립에 참여하는 경우

6) 기업결합신고의 예외

공정거래법은 일정한 경우 기업결합 신고대상에서 제외하여 신고의무를
면제하고 있다(제12조 제3항). 구체적인 신고대상 제외 사유는 다음과 같다.

> ① 「벤처투자 촉진에 관한 법률」[16]에 따른 중소기업창업투자회사 또는 벤처투자조
>   합이 「중소기업창업 지원법」상 창업자 또는 벤처기업의 주식을 20%(상장기업의
>   경우 15%) 이상으로 소유하게 되거나 창업자 또는 벤처기업의 설립에 다른 회사와
>   공동으로 참여하여 최다출자자가 되는 경우
> ② 「여신전문금융업법」에 따른 신기술사업금융업자 또는 신기술사업투자조합이
>   「기술보증기금법」상 신기술사업자의 주식을 20%(상장기업의 경우 15%) 이상
>   으로 소유하게 되거나 신기술사업자의 설립에 다른 회사와 공동으로 참여하여
>   최다출자자가 되는 경우
> ③ 기업결합신고대상회사가 다음 (i)~(iv)의 어느 하나에 해당하는 회사의 주식을
>   20%(상장기업의 경우 15%) 이상 소유하게 되거나 다음 (i)~(iv)의 어느 하나에
>   해당하는 회사의 설립에 다른 회사와 공동으로 참여하여 최다출자자가 되는 경우
>   (i) 「자본시장과 금융투자업에 관한 법률」에 따른 투자회사
>   (ii) 「사회기반시설에 대한 민간투자법」에 따라 사회기반시설 민간투자사업시행
>   자로 지정된 회사
>   (iii) (ii)의 사회기반시설 민간투자사업시행자로 지정된 회사에 대한 투자목적으
>   로 설립된 투자회사(「법인세법」 제51조의2 제1항 제6호에 해당하는 회사

---

16) 구 「중소기업창업 지원법」하에서는 중소기업창업투자회사 또는 중소기업창업투자조합이었으나,
최근 「벤처투자 촉진에 관한 법률」이 제정됨으로써(법률 제16998호, 2020. 2. 11. 제정, 2020. 8.
12. 시행) 중소기업창업투자회사를 옮겨 규정하는 동시에, 구 「벤처기업육성에 관한 특별조치법」
상 한국벤처투자조합과 구 「중소기업창업 지원법」상 중소기업창업투자조합은 벤처투자조합으로
통합해 일원화하였다. 이에 공정거래법도 이러한 내용을 반영하여 개정되었다(법률 제16998호,
2020. 2. 11. 개정, 2020. 8. 12. 시행).

에 한함)

(iv) 「부동산투자회사법」에 따른 부동산투자회사

7) 기업결합 신고절차 등 특례

공정거래법은 「방송법」상 법인설립 등에 해당하는 경우 특례를 두어 위 법인설립 등에 따른 승인 등의 신청과 기업결합 신고를 절차상 한 번에 처리할 수 있도록 하여 신고인에게 편의를 제공하고 있다. 사후 기업결합 신고대상인 경우에는 위 법인설립 등의 주무관청에 승인 등을 신청하면서 기업결합 신고서류를 함께 제출할 수 있도록 한다(제12조의2 제1항 제2호 및 제3호). 주무관청에 기업결합 신고서류를 접수한 날에 기업결합신고가 있는 것으로 보며, 주무관청은 동 서류를 지체 없이 공정거래위원회에 송부하게 된다(제2, 3항).

한편, 사전 기업결합 신고대상인 경우(제12조 제6항 단서)에는 공정거래위원회에 기업결합 신고를 하는 때 주무관청에 제출할 법인설립 등의 승인 등에 관한 서류를 함께 제출할 수 있다. 공정거래위원회는 위 서류를 제출받으면 지체 없이 법인설립 등의 승인 등에 관한 서류를 주무관청에 송부하게 된다(공정거래법 제12조의2 제4, 5항).

이러한 특례의 구체적 적용대상은 다음 ①, ②와 같다.

① 「방송법」 제15조 제1항 제1호에 따른 종합유선방송사업자인 법인의 합병
② 「방송법」 제15조의2 제1항에 따라 종합유선방송사업자의 최다액출자자가 되고자 하거나, 종합유선방송사업자의 경영권을 실질적으로 지배하고자 하는 경우

8) 기업결합 관련 제재 조치

① **과태료**: 기업결합 신고의무 주체가 (i) 신고를 하지 아니하거나, (ii) 신고기간을 도과하거나, (iii) 허위신고를 하거나, (iv) 사전 기업결합 신고 후 공정거래위원회로부터 심사결과를 통지받기 전 금지된 기업결합 완료행위(주식소유, 합병등기, 영업양수계약의 이행행위, 주식인수행위)(공정거래법 제12조 제8항)를 하는 경

우(이른바 'Gun-jumping') 과태료가 부과된다(공정거래법 제69조의2 제1항 제2호). 과태료 액수는, 사업자 또는 사업자단체가 위반한 경우 1억 원 이하, 회사 또는 사업자단체의 임원 또는 종업원, 그 밖의 이해관계인이 위반한 경우 1천만 원 이하이다.

② **시정조치**: 공정거래위원회는 당해 기업결합이 관련시장에서 경쟁제한적인지 여부를 심사한다. 만약 심사결과, 당해 기업결합이 경쟁제한적인 것으로 판단되면(공정거래법 제7조 제1항 위반), 각종 시정조치를 부과할 수 있다. 시정조치의 예로는 당해 행위의 중지, 주식의 전부 또는 일부의 처분, 임원의 사임, 영업의 양도, 채무보증의 해소, 법 위반 사실의 공표, 기업결합에 따른 경쟁제한의 폐해를 방지할 수 있는 영업방식 또는 영업범위의 제한 등이 있다(공정거래법 제16조 제1항).

③ **합병 또는 회사설립무효의 소 제기**: 공정거래위원회는 (i) 경쟁제한적 기업결합에 해당하거나, (ii) 사전신고 대상인 기업결합에서 기업결합 완료행위 금지의무를 위반한 경우로서, 위반한 회사의 합병 또는 회사 설립이 있는 때 해당 회사의 합병 또는 회사설립무효의 소를 제기할 수 있다(공정거래법 제16조 제2항).

④ **의결권 제한**: 시정조치 유형 중 주식처분명령을 받은 경우 그 명령을 받은 날부터 대상 주식에 대하여는 의결권을 행사할 수 없다(공정거래법 제18조 제1항).

⑤ **이행강제금**: 경쟁제한적 기업결합에 해당하여(공정거래법 제7조 제1항 위반) 시정조치를 받았으나, 그 정한 기간 내에 시정조치를 이행하지 아니한 경우에는 일정한 기준에 따른 이행강제금을 시정조치가 이행될 때까지 위반기간 동안 매 1일당 부과할 수 있다(공정거래법 제17조의3).

⑥ **형사처벌**(형사고발): 경쟁제한적 기업결합을 한 경우(공정거래법 제7조 제1항 위반) 3년 이하의 징역 또는 2억 원 이하의 벌금에 처해질 수 있다. 이때 징역형과 벌금형은 병과될 수 있다(공정거래법 제66조 제1항 제2호 및 제2항). 한편 공정거래위원회가 부과한 시정조치에 불응할 경우에도 2년 이하의 징역 또는 1억 5천만 원 이하의 벌금에 처해질 수 있다(제67조 제6호). 위 형사처벌의 대상

에 해당할 경우 공정거래위원회는 고발을 할 수 있고, 위 고발이 있어야 비로소 공소제기가 가능하다(이른바 전속고발권)(제71조 제1항). 공정거래위원회 실무상 경쟁제한적 기업결합을 이유로 형사고발하지는 않고 있다.[17]

다. 기업결합 심사: 경쟁제한성 판단

1) 기업결합 심사기간

공정거래위원회는 원칙적으로 기업결합 신고를 받은 날로부터 30일 이내에 그 심사결과를 신고인에게 통지하여야 한다. 사안이 복잡하거나 중요하여 심사에 다소 시일이 소요되는 경우 90일을 연장할 수 있다. 따라서 공정거래위원회의 기업결합 심사기간은 최장 120일이다(공정거래법 제12조 제7항).

단, 공정거래위원회는 제출 신고서 및 첨부서류가 미비된 경우 기간을 정해 보정을 명할 수 있으며 이때 보정에 소요되는 기간(보정명령서 발송일~보정서류의 공정거래위원회 도달일)은 위 심사기간에 산입하지 아니한다(시행령 제18조 제5항). 그러므로 사안이 복잡하거나 사회적으로 중요한 의미를 가지는 경우에는 여러 차례에 걸쳐 보정명령이 이루어지고 보정에도 상당한 시일이 소요되어, 실제로 1년 이상 기업결합 심사가 진행되는 경우도 있다.[18]

2) 임의적 사전심사

기업결합 신고기간 전이라도, 기업결합을 계획하는 당사자는 미리 공정거래위원회에 당해 기업결합이 경쟁제한성이 있는지 심사를 요청할 수 있다(공정

---

17) 이러한 사정 등을 고려해 개정 공정거래법(법률 제17799호)은 기업결합에 관한 형벌 규정을 삭제하였다(동법 개정이유 참조). 개정 법률의 주요 내용에 관해서는 공정거래위원회(60면 각주 10) 참조.
18) 참고로, 공정거래위원회가 밝힌 바에 따르면 시정조치를 명한 방송·통신분야 기업결합의 평균 심사기간은 약 10개월(290일)이 소요되었고, 최장기간 소요된 CMB의 종합유선방송사업자 인수 건의 경우에는 2년 이상(932일) 소요되었다고 한다. 구체적으로 티브로드의 지역 케이블방송사 인수 건(2011년)은 380일, CJ케이블넷의 지역 케이블방송사 인수 건(2007년)은 473일, CMB의 지역케이블방송사 인수 건(2008년)은 932일이 소요되었다(공정거래위원회 2017. 1. 12.자 해명자료).

거래법 제12조 제8항). 임의적 사전심사가 완료된 후 기업결합 본신고가 이루어지면 간이심사대상에 해당하여 아래에서 살펴보는 것처럼 원칙적으로 신고접수일로부터 15일 이내(실무상 2-3일) 심사결과를 통보받을 수 있으므로, 심사기한에 소요되는 시간을 크게 단축할 수 있다.

때문에 가급적 신속한 기업결합을 통해 의결권을 조기에 행사하는 등 거래목적을 달성할 필요가 있다면 실무상 임의적 사전심사를 적극 고려할 수 있다. 예컨대, 행동주의 주주가 자금조달 계획 등을 고려해 주주명부 폐쇄 및 기준일에 임박해서야 주식 등을 매수하는 경우가 있을 수 있는데, 동 거래가 기업결합 신고대상이라면 실제 주식 매수거래를 체결하기에 앞서 미리 임의적 사전심사를 요청해둘 수 있겠다.

3) 기업결합의 유형 : 결합기업 간 관계에 따른 분류

경쟁제한 분석을 목적으로 결합기업 간 관계에 따라 기업결합 유형을 분류하면 ① 수평형 기업결합, ② 수직형 기업결합, ③ 혼합형 기업결합이 있다.

① 수평형 기업결합은 같은 시장 내에서 경쟁관계에 있는 회사 간의 결합을 의미하고, ② 수직형 기업결합은 원재료의 생산에서 상품·용역의 생산 및 판매에 이르는 유통과정에 있어서 인접하는 단계에 있는 회사 간의 결합(예컨대, 제조업체와 유통업체, 원재료공급업체와 수요업체 간 결합)을 말한다. ③ 혼합형 기업결합은 위 수평형, 수직형 기업결합 이외의 결합, 즉 생산품목 간에 연관관계가 없는 회사 간의 결합을 말한다(「기업결합 심사기준」 II. 7. 내지 9.).

수평형, 수직형, 혼합형 기업결합에 따라 경쟁제한성 판단의 기준이 달라질 수 있다(「기업결합 심사기준」 VI.).[19]

---

19) 경쟁제한성 판단기준은 그 내용이 복잡할 뿐만 아니라 여러 가지 쟁점을 포함하고 있으므로, 편의상 구체적인 설명은 생략한다. 참고로 수평형, 수직형, 혼합형 기업결합의 순으로 경쟁제한성이 인정될 가능성이 높다는 점에서, 위 순서에 따라 공정거래위원회의 심사 강도도 강한 것이 일반적이다.

4) 간이심사대상

경쟁제한성이 없는 것으로 추정되는 기업결합의 경우 간이심사대상에 해당하여 원칙적으로 신고내용의 사실 여부만 심사하고, 적법한 신고서류가 접수되어 별도 보정명령이 없다면 위 접수일로부터 15일 이내 심사결과를 신고인에게 통보하게 된다(「기업결합 심사기준」 II. 1. 및 III.).

간이심사대상은 구체적으로 아래 ①~⑥과 같다.

---

① 기업결합 당사자가 서로 공정거래법 시행령의 특수관계인(제11조 제1, 2호에 규정된 자를 의미)에 해당하는 경우

② 당해 기업결합으로 당사회사(취득회사 및 피취득회사) 간에 지배관계가 형성되지 아니하는 경우

③ 다음의 어느 하나에 해당하는 혼합형 기업결합을 하는 경우

  (i) 대규모회사(제11조 제1, 2호의 특수관계인 포함)가 아닌 자가 혼합형 기업결합을 하는 경우

  (ii) 관련 시장의 특성상 보완성 및 대체성이 없는 혼합결합을 하는 경우

④ 다음 중 어느 하나에 해당하는 경우로서 경영목적이 아닌 단순투자활동임이 명백한 경우

  (i) 「자본시장과 금융투자업에 관한 법률」에 따른 사모투자전문회사의 설립에 참여하는 경우[20] (ii) 「자산유동화에 관한 법률」 제2조 제5호의 규정에 따른 유동화전문회사를 기업결합한 경우

  (iii) 기타 특정 사업의 추진만을 위한 목적으로 설립되어 당해 사업 종료와 함께 청산되는 특수목적회사(SPC)를 기업결합한 경우

⑤ 취득회사가 임의적 사전심사(법 제12조 제9항)를 요청하여 공정거래위원회로부터 경쟁제한성이 없다고(법 제7조 제1항에 위반되지 아니한다고) 통지받은 기

---

20) 「기업결합의 신고요령」(II. 2. 라.)과 달리 「기업결합 심사기준」은, 사모펀드를 "전문투자형(헤지펀드)"과 "경영참여형(PEF)"으로 단순화하는 자본시장법 개정(자본시장법 제9조 제18항 제7호는 삭제됨)에도 불구하고 구 자본시장법 규정을 그대로 두고 있다. 따라서 위 규정에도 불구하고 기업결합 신고요령과 마찬가지로, 사모투자전문회사가 아닌 개정 자본시장법 제9조 제19항 제1호에 따른 "경영참여형 사모집합투자기구"의 설립에 참여하는 경우로 해석함이 적절하다. 공정거래위원회 실무도 동일한 것으로 이해된다.

업결합을 신고한 경우(단, 임의적 사전심사를 요청한 이후 사실관계나 시장상황
등에 중대한 변경이 발생하는 경우는 제외)
⑥ 새로운 회사설립에 참여하는 경우로서, 피취득회사가 외국회사(외국에 주된 사
무소를 두고 있거나 외국법률에 의해 설립된 회사)이고 국내 시장에 미치는 영
향이 없는 경우

라. 실무상 몇 가지 쟁점

주주행동주의와 관련하여 기업결합신고시에도 다양한 실무상 이슈들이 제
기될 수 있다. 그 중 몇 가지를 소개한다.

1) 신고 주체 관련 : 신탁형 펀드

특정 펀드가 지분취득 등을 통해 상대회사를 기업결합하는 경우에 동 펀
드도 기업결합 신고주체가 되는지 의문이 있다. 펀드는 집합투자를 위해 투자
자로부터 모은 자금의 집합체를 의미하며 자본시장법상 집합투자기구를 의미
한다.[21] 집합투자기구에는 주식회사 형태부터 투자신탁에 이르기까지 여러 형
태가 존재한다(자본시장법 제9조 제18항).

이들 중 법인격이 있는 회사형 펀드는 신고주체가 됨에 의문이 없다. 그렇
다면 법인격이 없는 신탁형 펀드(투자신탁)는 어떠한지 문제된다. 투자신탁은 추
상적인 자산 집합체로서, 투자신탁의 수익증권 소유자와 신탁재산에 대한 의사
결정 주체인 운용지시자(집합투자업자, 자산운용사)와 자산 보유·관리·처분명의자
(신탁업자)가 서로 다르다. 공정거래위원회도 신탁형 펀드의 경우 실질 소유자와
의사결정이 분리되어 집합투자업자가 투자자로부터 일상적인 운용지시를 받지
아니하면서 펀드를 운용한다는 사정을 고려해, 투자신탁이 주체가 되는 기업결
합은 신고대상에서 제외함을 원칙으로 한다. 단, 사모펀드로서 투자자(수익자)가
특정될 정도로 소수이고 형식적으로는 운용지시자가 분리되어 있으나 사실상

---

21) 금융감독원, 금융소비자 정보포털 파인 금융용어사전.

수익자가 운용지시를 한다는 등의 사정이 있어 특정인이 해당 펀드를 통해 다른 회사를 기업결합한다는 실질이 인정되는 경우에는 예외적으로 기업결합 신고 및 심사대상이 될 수 있다. 이때 예외에 해당하는지는 펀드 규모, 수익자 구성, 거래구조, 계약내용 등을 종합적으로 고려한다.[22]

2) 경쟁제한성 관련

주주행동주의의 일환으로 경쟁관계 또는 원재료 공급관계에 있는 복수의 회사들에 지분을 투자하는 경우 경쟁제한성 판단은 어떠한가? 행동주의 투자자가 특정 회사이거나 PEF 등 법인격을 가진 펀드라면, 기업결합 신고주체가 될 수 있다. 이때 주주행동주의라 하더라도 기업결합심사 시 별도의 예외사유를 두고 있지 아니하므로, 경쟁관계 또는 원재료 공급관계에 있는 복수의 회사들에 대한 기업결합은 경쟁제한성 판단을 엄격하게 하는 사정이 될 수 있다.[23]

기업결합 주체 또는 그 계열회사가 경쟁관계 또는 원재료 공급관계에 있는 이들 대상회사(target)들 중 어느 한 회사에 대해 계열관계를 형성하는 경우 경쟁제한성이 문제될 수 있다. 예컨대 기업결합 주체(S사) 및 그 계열회사가 운송업을 전혀 영위하고 있지 아니한 상황에서 운송업을 영위하는 A사와 B사의 지분을 각각 20% 취득한다면 기업결합 신고의무가 발생할 것이다. 그런데 A사와 B사에는 각각 80% 지분을 보유한 최다출자자 C, D가 존재하고, C 및 D가 S사와 특수관계에 있지 않다면 비록 S사가 경쟁관계인 A사와 B사에 대한 각각의 기업결합에도 불구하고 운송업 시장에서 A사와 B사 간 경쟁제한은 문제되지 않을 것이다. 즉, S사는 A사와 B사를 각각 기업결합할 뿐, A사와 B사 간에는 기업결합이 이루어지지 않는다.

그 이유는 다음과 같다. 공정거래위원회의 「기업결합 심사기준」에 따르면,

---

22) 공정거래위원회(55면 각주 1), 58면 이하.

23) 참고로 최근 OECD는 기관투자자의 경쟁기업들에 대한 공동 지분취득(common ownership)에 대해 기업결합 규제 관점에서의 관련 사안을 논의한 바 있다. 구체적 내용은 OECD, DIRECTORATE FOR FINANCIAL AND ENTERPRISE AFFAIRS COMPETITION COMMITTEE, "Common Ownership by Institutional Investors and its Impact on Competition", 2017. 11. 29.

경쟁제한성은 취득회사 등과 피취득회사(피투자회사) 간 관계를 고려한다.[24] 즉, 기업결합심사는 취득회사 등과 피취득회사 간 관련시장에서 초래될 경쟁제한성 여부를 검토하게 된다. 이때 취득회사 등은 취득회사 및 그 특수관계인(공정거래법 시행령 제11조)을 의미하는데, 이러한 특수관계인에 계열회사(동일인 관련자에 해당함)가 포함된다.[25] 그러므로 위 사례에서 S사가 A사 지분을 취득했더라도, S사와 A사 간 계열관계가 형성되지 않고 달리 서로를 특수관계인으로 볼 여지가 없다면, S사가 B사 지분을 취득할 때 A사와 B사 간 기업결합 내지 경쟁제한성은 검토 대상에 해당하지 않는 것이다.

참고로 「기업결합의 신고요령」은 PEF가 기존 투자한 현황, 예컨대 기존 피투자회사 및 그 영위업종, 출자비율 등 구체적인 포트폴리오 내용을 신고시 함께 제출토록 한다.[26] 그러면서 출자비율, 임원겸임 상황 등을 고려하여 기존 피투자회사에 대한 실질적인 지배관계 형성 여부를 설명토록 한다.[27] 여기에서 '실질적인 지배관계 형성 여부'는 계열 판단에 준하는 의미로 이해된다.[28]

사. 「자본시장과 금융투자업에 관한 법률」 제9조 제19항 제1호의 규정에 따른 경영참여형 사모집합투자기구(소위 'PEF'를 말한다. 외국법률에 의해 설립되었거나 외국을 소재지로 하는 경영참여형 사모집합투자기구를 포함한다)가 다른 회사의 주식을 취득 또는 소유하여 법 제12조 제1항 제1호 또는 제2호에 해당할 경우 당해 경영참여형 사모집합투자기구는 <u>신고시 기존 투자현황(피투자회사 및 영위업종, 출자비율 등), 무·유한책임사원의 출자비율 및 영위 업종 등과 관련된 서류를 함께 제출하여야 한다.</u> … (이하 생략)

---

24) 「기업결합 심사기준」 VI.
25) 「기업결합 심사기준」 II. 3.
26) 「기업결합의 신고요령」 II. 1. 사.
27) 「기업결합의 신고요령」 [별표 1] 1. 차. 등.
28) 참고로, 지배관계는 계열관계와 유사하나 정확히 일치하는 개념은 아니다. 계열 판단은 공정거래법 시행령 제3조에 따른 '지분율 요건'과 '지배력 요건'에 따른다(그 구체적 내용은 아래 3.항 참조). 이때 고려 요소는 지배관계 판단 시 고려요소보다 범위가 더 넓다. 공정거래위원회(55면 각주 1), 127면 이하.

[별표 1] 주식취득(또는 소유)의 신고서

1. 차. 경영참여형 사모집합투자기구(PEF)의 주식취득시 추가 서류

    (1) 당해 PEF가 이미 출자한 회사(피투자회사)의 영위 업종, 피투자회사에 대한 당해 PEF의 출자비율(주식소유비율 등) 및 지배관계 형성 여부(출자비율, 임원겸임 상황 등을 고려하여 실질적인 지배관계 형성 여부를 설명)

    (2) 당해 PEF에 대한 사원(무·유한책임사원)의 출자비율 및 사원의 영위 업종

    (3) 당해 PEF에 대한 사원들의 지배관계 및 무한책임사원의 계열회사 현황(영위 업종 기재 포함)

한편, 행동주의 투자자 또는 그 계열회사가 피투자회사와 경쟁관계 또는 원재료 공급관계에 있기는 하나, 당해 기업결합으로 지배관계는 형성하지 아니하는 '소수지분'만 취득하는 경우도 많을 것이다. 이러한 경우에는 어떠한가. 앞서 살펴본 것처럼 취득회사와 피취득회사 간에 지배관계가 형성되지 아니하는 경우라면 '간이심사' 대상으로 보아 경쟁제한성이 없는 것으로 추정된다.[29) 30)]

3) 기업결합신고에 따른 대외 정보노출 관련 : 특히 PEF의 LP 정보

기업결합신고 과정에서 주주행동주의 투자자는 거래내용 및 자신의 현황에 대한 각종 정보를 공정거래위원회에 제출하게 된다. 공정거래위원회는 보도자료 등을 통해 해당 기업결합심사에 관한 내용을 대외에 공표한다. 때문에 주주행동주의 투자자로서는 내부정보의 대외 노출이라는 부담을 안게 될 수 있다.

해당 정보의 대외 노출을 최대한 방지하기 위해 다음과 같은 점을 고려할 수 있다.

(i) 우선, 공정거래법상 비밀엄수 의무(제62조) 때문에 담당공무원은 비밀을 공개하지 않을 의무가 있다.

---

29) 「기업결합 심사기준」 II. 1., III. 2.

30) 미국이나 유럽에서의 소수지분 취득에 관한 논의에도 불구하고, 공정거래위원회는 지배관계를 형성하지 아니하는 소수지분 취득은 현재 법제 하에서는 경쟁제한성 검토 대상에 해당하지 않는다는 입장을 취하고 있는 것으로 이해된다. 구체적 내용은 OECD, DIRECTORATE FOR FINANCIAL AND ENTERPRISE AFFAIRS COMPETITION COMMITTEE, "Policy Roundtables − Definition of Transaction for the Purpose of Merger Control Review", 2014. 1. 24., p. 130.

(ii) 다음으로 당해 기업결합에 경쟁제한성이 인정되어 공정거래위원회 심리 및 의결을 거칠 경우, 사업상 비밀을 이유로 심리 및 의결 전부 또는 일부를 공개하지 못하도록 할 수 있다(「공정거래위원회 회의 운영 및 사건절차 등에 관한 규칙」 제33조의2 제1항).

(iii) 또한 공정거래위원회 결정으로 사업상 비밀이 포함된 의결서를 공개하지 않거나 사업상 비밀을 삭제하여 의결서를 공개하도록 할 수 있다(위 규칙 제40조의2 제4항). 심판관리관은 의결서를 공정거래위원회 홈페이지에 게재하는 것이 원칙인데, 피심인(기업결합신고 주체)은 의결서 공개 제한에 대한 의견서를 제출하여 이를 제한할 수 있다(「공정거래위원회 의결 등의 공개에 관한 지침」 제3, 4조).

(iv) 법령상 명확한 규정은 마련되어 있지 않으나, 공정거래위원회의 보도자료 배포나 정책브리핑의 경우에도 이에 준하는 것으로 생각된다. 따라서 사업상 비밀 등을 이유로 의결서 외에도 보도자료 배포 역시 제한하는 방안을 생각해볼 수 있다. 이는 공정거래위원회가 경쟁제한성이 없다고 보아 기업결합을 승인하는 경우에도 적용된다.[31]

특히 행동주의 투자자가 PEF인 경우, 단순한 재무적 투자자(Financial Investor: FI)에 불과한 유한책임사원(Limited Partner: LP)은 자신의 정보가 공정거래위원회를 비롯해 대외에 노출되는 것을 원하지 않을 수 있다. 어느 펀드에 어떤 방식으로 투자했는지와 같은 투자 포트폴리오 자체가 영업의 핵심기반이 되는 투자전략 등에 해당할 수도 있다. 그럼에도 불구하고, 위에서 살펴본 것처럼 「기업결합의 신고요령」은 무한책임사원(General Partner: GP)뿐만 아니라 유한책임사원(LP)의 출자비율 및 그 영위 업종까지도 제출토록 하고 있다. PEF의 투자 의사결정에 LP의 적극적 관여 자체가 배제된 점이나, 아래 3.항에서 살펴보는 것처럼 PEF는 LP가 아닌 GP와 계열관계를 형성하는 점에 비추어 보더라도, 당해 기업결합 과정에서 LP가 경쟁당국에 구체적 정보를 제공해야 하는지 납득하기 어려운 측면이 있는 것은 사실이다. 이러한 정보공개는 단순한 재무적 투자자

---

31) 참고로 공정거래위원회는 주요한 기업결합 심사 건의 경우 승인결정에 관한 보도자료를 배포하기도 한다.

의 PEF를 통한 투자 활동을 위축시킬 우려가 있다. 경우에 따라서는 LP의 동의
나 승낙 없이도 공정거래위원회의 자료제출 요청에 따라 LP 관련 정보가 제공
될 여지가 있다는 점에서 제도적 개선을 모색할 필요가 있는 대목이다.

3. 주주행동과 계열편입

가. 공정거래법상 계열편입 요건

공정거래법에 따르면, 계열회사가 되기 위해서는 (i) 동일인 및 동일인관련
자가 30% 이상 지분을 소유한 최다출자자이거나(지분율 요건), (ii) 다음 <표>
의 ①~④ 중 어느 하나에 해당하는 경우로서 동일인이 회사 경영에 대하여 지
배적인 영향력을 행사한다고 인정되는 회사여야 한다(지배력 요건).[32]

<표> 계열 판단기준

요건	판단기준
지분율 요건	동일인 및 동일인관련자가 30% 이상 소유하는 동시에 최다출자자인 회사(의결권 있는 발행주식총수 기준)
지배력 요건 [① ~ ④ 중 어느 하나 + 당해 회사 경영에 대한 지배적 영향력 행사]	① 동일인이 대표이사 임면 또는 임원의 50% 이상 선임하거나 선임가능(이하 '임원선임 요건')
	② 동일인이 직접 또는 동일인관련자를 통해 당해 회사의 조직변경, 신규사업투자 등 주요 의사결정이나 업무집행에 지배적 영향력 행사(이하 '주요 의사결정 요건')
	③ 동일인이 지배하는 회사와 당해 회사 간 임원겸임 등 인사교류(이하 '인사교류 요건')[33]
	④ 통상적 범위를 초과하여 동일인 또는 동일인관련자와 자금·자산·상품·용역 등 거래, 채무보증, 피보증, 기타 계열회사로 인정될 수

---

32) 공정거래법 제2조 제3호, 제2호, 시행령 제3조.

	있는 영업상 표시행위 등 사회통념상 경제적 동일체로 인정되는 회사(이하 '경제적 동일체 요건')

지분율 요건이나 지배력 요건 중 어느 하나에 해당하면 해당 기업집단에 계열편입된다. 반면 위 요건 어디에도 해당하지 않을 경우 당해 회사는 계열회사로 인정되지 않거나, 기존 계열회사였던 경우 계열회사에서 제외된다.

공정거래위원회는 지배력 요건 판단 시 당해 회사의 임원현황(① 임원선임 요건~③ 인사교류 요건), 채무보증, 자금대차관계, 물품·용역 거래관계(④ 경제적 동일체 요건) 등을 종합적으로 고려하여 계열편입 여부를 살피고 있다.[34] 실무상으론 당해 회사의 경영에 대해 직접 영향을 미칠 수 있는 임원선임 요건 등이 지배력 요건 판단시 중요한 기준이 된다.

참고로, PEF를 통해 지분을 매집하는 방식으로 주주행동주의 활동을 전개하는 경우에는 아래 내용을 고려할 필요가 있다. 공정거래위원회는 실무상 PEF의 특성을 고려해 유한책임사원(LP)의 출자비율을 불문하고 PEF가 투자하는 대상회사는 무한책임사원(GP)측 계열로 편입시키고 있다. 만약 PEF에 복수의 GP가 존재하고 투자심의위원회를 설치하여 PEF의 주요 의사결정을 담당케 하는 경우에는 투자심의위원회 내 각 GP의 의결권 크기, 의사결정 방식 등을 고려하여 계열판단을 한다.

---

33) 아래 중 어느 하나에 해당하는 경우를 의미한다.
① 동일인이 지배하는 회사와 당해 회사간에 임원의 겸임이 있는 경우
② 동일인이 지배하는 회사의 임·직원이 당해 회사의 임원으로 임명되었다가 동일인이 지배하는 회사로 복직하는 경우(동일인이 지배하는 회사 중 당초의 회사가 아닌 회사로 복직하는 경우를 포함한다)
③ 당해 회사의 임원이 동일인이 지배하는 회사의 임·직원으로 임명되었다가 당해 회사 또는 당해 회사의 계열회사로 복직하는 경우
34) 공정거래법 제14조의2(계열회사의 편입 및 제외등)
② 공정거래위원회는 제1항의 규정에 의한 심사를 위하여 필요하다고 인정하는 경우에는 해당 회사에 대하여 주주 및 임원의 구성, 채무보증관계, 자금대차관계, 거래관계 기타 필요한 자료의 제출을 요청할 수 있다.

나. 동일인관련자 판단기준

계열회사를 판단하는 기준은 동일인관련자를 전제하기 때문에, 계열판단에 우선하여 동일인관련자가 어느 범위까지인지 먼저 확정해야 한다.

공정거래법상 동일인관련자는 아래 ①~⑤ 중 어느 하나에 해당하는 자를 의미한다(공정거래법 시행령 제3조 제1호 가목 내지 마목). 총수 일가 및 계열회사가 지배하는 비법인사단 및 재단, 계열회사, 여기서 근무하는 임원이 '동일인관련자'에 해당한다고 보면 된다.

① 동일인의 배우자, 6촌 이내의 혈족, 4촌이내의 인척(가목)

② 동일인이 단독으로 또는 동일인관련자와 합하여 총출연금액의 30% 이상을 출연한 경우로서 최다출연자가 되거나 동일인 및 동일인관련자 중 1인이 설립자인 비영리법인 또는 단체(법인격이 없는 사단 또는 재단을 의미함. 이하 같음)(나목)

③ 동일인이 직접 또는 동일인관련자를 통하여 임원의 구성이나 사업운용 등에 대하여 지배적인 영향력을 행사하고 있는 비영리법인 또는 단체(다목)

④ 동일인이 지분율 요건 또는 지배력 요건을 충족하여 사실상 사업내용을 지배하는 회사(라목)

⑤ 동일인 및 동일인과 위 ② 내지 ④의 관계에 해당하는 자의 사용인(법인인 경우에는 임원, 개인인 경우에는 상업사용인 및 고용계약에 의한 피용인을 의미함)(마목)

다. 실무상 몇 가지 쟁점

주주행동주의와 관련하여 계열편입·제외에 관한 여러 실무상 이슈들이 제기될 수 있다. 그 중 몇 가지를 소개한다.

1) 계열편입·제외 신고 관련

계열판단은 기업결합신고 시 특수관계인 판단에도 사용되는 등 다양한 공정거래법 이슈와 연결되어 있다. 그 중에서 자산총액이 5조 원 이상인 공시대상기업집단35)에 속하는 회사라면 주식취득 등으로 계열편입 사유가 발생한 경우 30일 이내에 공정거래위원회에 계열편입 신고를 해야 한다(시행령 제20조 제3항).

계열제외 사유가 발생한 경우에도 공정거래위원회에 요청하여 계열제외를 신청할 수 있다. 공정거래위원회는 계열제외 요청에 따라 또는 직권으로 그 사유를 심사하여 계열제외를 하고 그 내용을 해당 회사에 통지한다(공정거래법 제14조의2).

공정거래위원회는 원칙적으로 요청을 받은 날로부터 30일 이내에 계열편입 또는 제외 여부를 심사하여 그 결과를 통지하여야 하며, 다만 필요하다고 인정하는 경우 최대 60일을 연장할 수 있다(공정거래법 제14조의2 제3항).

행동주의 투자자가 대상회사의 지분을 취득하는 경우 주로 대상회사의 계열제외가 문제될 것이다. 행동주의 투자자가 공정거래위원회가 지정한 '공시대상기업집단'에 해당할 가능성은 그리 높지 않기 때문이다. 물론 아래 2)항에서 살펴보는 것처럼 언제나 그런 것은 아니다.36) 만약 행동주의 투자자가 공시대상기업집단에 속하는 특정 회사의 지분을 매수하거나 임원을 선임하여, 그 회사가 기존 기업집단과의 계열 유지를 위한 지분율 요건 및 지배력 요건을 상실하게 되면, 계열제외 이슈가 발생하게 된다.

한편 계열편입 신고를 해태한 경우에는 1억 원 이하의 벌금이 부과될 수 있으므로 유의할 필요가 있다(공정거래법 제68조 제3호). 형사처벌이 문제될 경우 각종 금융업을 영위하거나 인허가 절차에서 불이익이 발생할 우려가 있을 수 있다.

---

35) 공정거래법 제14조에 따라 공정거래위원회는 매년 공시대상기업집단을 지정한다.
36) 참고로 (i) 금융업 또는 보험업만을 영위하는 기업집단, (ii) 금융업 또는 보험업을 영위하는 회사가 동일인인 기업집단은 공시대상기업집단에서 제외된다(시행령 제21조 제1항 제1, 2호). 금융전업집단의 경우 공정거래위원회의 감독을 받지 않게 된다.

2) 공시대상기업집단 지정 관련

주주행동주의 투자자가 공시대상기업집단으로 지정될 가능성을 배제하기 어렵다. 최근 공정거래위원회는 PE(Private Equity) 하우스를 공시대상기업집단으로 지정하였다.[37] 이처럼 펀드 운영을 위주로 하는 주주행동주의 투자자도 그 고유 특성상 공시대상기업집단으로 지정될 가능성이 낮을 뿐, 요건에 해당하면 지정 가능성이 존재한다는 점에서 유의할 필요가 있다. 다만 최근 공정거래위원회는 경제력집중 우려가 높지 않은 PEF 전업집단을 대기업집단 지정대상에서 원칙적으로 제외하겠다는 입장을 밝힌 바 있다.[38]

4. 주주행동과 공정거래법상 공시

가. 공정거래법상 공시제도 개관

공정거래위원회로부터 공시대상기업집단으로 지정되어 통지를 받게 되면 그 날부터 공정거래법상 3가지 공시의무가 발생한다(제14조 제1, 2항 및 제11조의2 내지 제11조의4).

공정거래법상 공시의무는 (i) 대규모내부거래 이사회의결 및 공시(제11조의2), (ii) 비상장회사 중요사항 공시(제11조의3), (iii) 기업집단 현황 공시(제11조의4)가 있다.

이를 간략히 개관하면 다음 표와 같다.

---

37) 공정거래위원회, "2020년 공시대상기업집단 지정결과 발표", 보도자료(2020. 5. 1.).
38) 공정거래위원회, "2021년 공정거래위원회 주요업무 추진계획", 보도자료(2021. 1. 22.), 16면.

구분	대규모내부거래 이사회의결 및 공시	비상장회사 중요사항 공시	기업집단 현황 공시
목적	• 내부거래에 대한 이사회 의결 통해 이사회 책임 강화 및 사외이사들에 의한 견제를 유도, 공시 통해 소액주주, 채권자 등 이해관계인에 의한 감시를 가능하게 하여 부당내부거래를 사전 예방	• 상법상 특별한 공시의무가 없는 공시대상기업집단 소속 비상장사의 불투명한 경영행태에 대한 효과적 감시 목적	• 공시대상기업집단에 관한 정보를 포괄적으로 일목요연하게 공시하여 기업 스스로 투명성·책임성을 제고하도록 하는 계기 마련
시기	• 대규모내부거래 시 사전 이사회 의결을 거쳐야 하며 이사회 의결 후 1일 이내(비상장법인 7일 이내)에 의결내용을 공시	• 수시로 일정한 중요한 사항 발생 시 사유발생일로부터 7일 이내 공시. • 단 임원변동은 분기마다 공시	• 구체적 사항에 따라 분기별 공시 또는 연1회 공시
적용 제외	없음	• 직전 사업연도말 현재 자산총액 100억원 미만으로 청산 중 또는 1년 이상 휴업 중인 회사 • 금융·보험사	• 직전 사업연도말 현재 자산총액 100억원 미만으로 청산 중이거나 1년 이상 휴업 중인 회사
대상	• 특수관계인을 상대방으로 하거나 특수관계인을 "위해" 거래한 금액이 그 회사 자본금 또는 자본총계 중 큰 금액의 5% 이상이거나 50억원 이상인 내부거래 • 상품·용역거래 경우 위 기준금액은 분기에 이루어질 거래금액 합계	• (소유지배구조) 최대주주의 주식보유 변동현황, 임원의 변동현황 • (재무구조) 고정자산 및 다른 법인 주식의 취득·처분, 증여, 담보제공 또는 채무보증, 채무면제 또는 채무인수, 증자 또는 감자, 전환사채·신주인수권부사채 발행 등 • (경영활동) 영업양도·양수, 임대, 합병, 분할, 주식 포괄적 교환 또는 이전, 해산, 회생절차 개시·종결 또는 폐지, 관리절차의 개시·중단 또는 해제 등	• ① 일반현황 ② 임원 및 이사회 현황 ③ 주식소유현황 ④ 계열회사와 특수관계인 간 거래현황 ⑤ 순환출자현황 ⑥ 지주회사 현황 ⑦ 금융·보험사 의결권 행사현황 등 7개 범주로 구분 • 위 범주는 다시 26개 항목으로 세분류됨
위반 시 제재조치	• 시정조치 (* 단 실무상 부과되지 않는 것이 일반적) • 과태료 : 법인 1억원 이하, 개인 1천만원 이하		

나. 실무상 몇 가지 쟁점

주주행동주의와 관련하여 공정거래법상 공시에 관한 여러 가지 실무상 이슈들이 제기될 수 있다.[39] 그 중 몇 가지를 소개한다. 참고로 기업집단 내 내부거래가 문제되는 대규모내부거래는 주주행동주의와 관련해 특별한 사정이 없는 한 별달리 문제되지 않는다.

1) 비상장사 중요사항 공시

① 먼저, 최대주주 등의 주식보유 변동 공시가 문제될 수 있다(공시서식 1번). 주주행동주의와 관련해 비상장사 중요사항 공시가 주로 문제될 수 있다. 예컨대 주주행동주의 투자자가 공시대상기업집단에 속한 특정 회사의 지분을 취득하게 되면, 대상회사의 최대주주의 지분이 변동할 가능성이 높다. 만약 비상장회사인 대상회사의 동일인[40]측 최대주주의 보유주식비율이 대상회사의 발행주식 총수 기준 1% 이상 변동할 때 공시해야 한다.

만약 동일인측이 대상회사의 최대주주가 아닌 경우에도 동일인측이 보유한 주식비율이 1% 이상 변동하게 되면 공시해야 하며, 동일인측 최대주주의 주식비율에 변동이 없더라도 그 구성원 간 주식비율이 1% 이상 변동하는 경우에는 공시해야 한다. 후자의 예로, 동일인(A) 및 동일인관련자(B)가 각각 보유한 주식이 대상회사 발행주식 총수의 35%인 경우, A와 B의 보유주식 비율이

---

39) 참고로, 유럽연합(EU)의 제2차 주주권지침「DIRECTIVE (EU) 2017/828 OF THE EUROPEAN PARLIAMENT AND OF THE COUNCIL of 17 May 2017 amending Directive 2007/36/EC as regards the encouragement of long-term shareholder engagement」은 ① 기관투자자와 자산운용회사의 경영관여정책(제3g조 Engagement policy), ② 기관투자자의 투자전략과 자산운용회사와의 계약(제3h조 Investment strategy of institutional investors and arrangements with asset managers), ③ 자산운용회사의 투명성(제3i조 Transparency of asset managers), ④ 의결권 자문회사의 투명성(제3j조 Transparency of proxy advisors) 등에서 공시 관련 내용을 규정하고 있다(구체적 내용은 최문희, "EU 제2차 주주권지침과 독일 주식법 개정안", BFL 제93호(2019. 1)). 이러한 EU의 주주권지침상 공시 내용이 향후 국내에서 공정거래법 등 공시 제도에도 직·간접적으로 영향을 미칠 가능성이 있다.

40) 공정거래법상 용어로 대상회사가 속한 기업집단을 지배하는 자를 지칭한다.

각각 33%, 37%로 변경된 경우에도 동일인측 최대주주의 주식비율은 변경 전후를 불문하고 70%로 동일하나(변경 전 35%+35%, 변경 후 33%+37%) 그 구성원인 A와 B의 보유주식 비율이 1% 이상 변동했기에 공시대상에 해당한다(각각 2% 변동).

　② 임원의 변동사항 공시도 자주 문제될 수 있다(공시서식 2번). 주주행동주의 일환으로 비상장회사인 대상회사의 임원을 선임하게 되면, 대상회사는 변경(등기일 기준)된 임원 내역을 해당 분기 종료 후 2개월 이내에 공시해야 한다. 참고로 직책에 변동이 있는 경우에도 공시대상에 해당하며, 그 예로 사내이사 → 감사로, 사내이사 → 대표이사로 변동되는 경우이다. 그러나 임원이 중임하는 것은 공시대상이 아니다.

　③ 그 밖에도 주주행동주의의 구체적 실행 방안에 따라 대상회사 입장에서는 증자·감자 결정 등 다양한 공시사유가 발생할 수 있다.

2) 기업집단 현황공시

　주주행동주의를 실행하는 과정에서 공시대상기업집단에 속한 대상회사(이때 비상장회사, 상장회사를 불문함)에 대한 지분취득, 임원선임 등에 관한 내용은 현황공시에 따라 대외 공개된다. 예컨대 임원을 선임한 경우, 당해 임원이 대상회사의 현 직위를 부여받기 직전의 경력(회사명, 직위)을 기재해야 한다는 점에서 대외적으로 임원 정보가 노출될 가능성이 있다. 주주행동주의 방안을 실행에 옮기기에 앞서 이러한 사정도 충분히 고려할 필요가 있다.

5. 주식소유 명의 관련

　주주행동주의와 관련해 주식소유 명의와 관련된 이슈도 제기될 가능성이 있다. 경우에 따라 복수의 주주들이 연대를 구축하기도 하는데, 그러한 과정에서 취득하게 되는 주식들이 누구 소유의 것인지 문제될 수 있다. 내·외부적 제약으로 인해 대상회사에 대해 특정 비율 또는 금액 이상의 지분을 취득하는 것이 금지되는 경우가 있을 수 있다(예컨대, 단일 투자처에 20% 이상 지분을 취득하지 못하도록 하는 내부 투자규정, 비금융주력자의 주식보유제한에 관한 은행법 제16조의2).

이러한 규정을 우회할 목적으로 자금대여 방식이나, 이면 약정을 체결하는 방식 등으로 서로 다른 명의의 주체들이 대상회사의 지분을 분산 취득하는 경우에 공정거래법상 어떻게 취급할 것인지가 문제된다. 이는 공정거래법상 기업결합 신고요건, 계열편입 요건뿐만 아니라, 자본시장법상 5%룰 등 다양한 이슈와 폭넓게 연결된다. 단, 아래에서는 공정거래법의 관점에서만 논의를 전개한다.

공정거래법은 "이 법의 규정에 의한 주식의 취득 또는 소유는 취득 또는 소유의 명의와 관계없이 실질적인 소유관계를 기준으로 한다"고 하여 명의보다 실질을 위주로 소유자를 판단하겠다는 입장이다(제7조의2).

'실질적인 소유관계'를 어떻게 해석할지의 문제는 개별 사안마다 구체적인 사정을 고려해 판단할 수밖에 없을 것으로 보인다.

참고로 대법원은 순환출자 금지(공정거래법 제9조의2)와 관련해 공정거래법 제7조의2에 근거하여 주식 '처분'의 개념을 의결권행사를 잠정적으로 중단시키는 조치를 취하거나 그 주식을 다른 금융기관 등에 신탁하는 것만으로는 부족하며, 다른 사람에게 실질적으로 완전히 소유권 이전하여 주는 것을 의미한다고 설시하였다. 그러므로 증권회사가 종합금융회사를 흡수 합병하면서 취득하게 된, 계열회사인 생명보험회사 주식을 은행에 신탁한 경우에는 위 '처분'에 해당하지 않는다고 판단했다(대법원 2006. 5. 12. 선고 2004두312 판결).

주식 명의와 관련된 소유관계를 잘못 판단할 경우, 기업결합신고의무 해태에서부터 각종 공시의무 위반에 이르기까지 다양한 공정거래 위반 이슈가 발생할 가능성이 있으므로 각별한 주의를 요한다.

6. 기타 이슈

그 밖에도 실무상 공정거래법과 연계된 이슈는 다양하다. 다만, 지면 관계 상 아래 내용을 추가로 간략히 살펴보겠다.

가. 지주회사 규제 관련

공정거래법상 지주회사 체제하의 지주회사 및 그 자회사 등은 일정한 행 위제한의 규율을 받는다(제8조의2). 예컨대, 지주회사는 그 자회사 주식을 발행 주식총수의 40%(주권상장법인 등 경우에는 20%) 이상 보유할 의무가 있다(같은 조 제2항 제2호).[41]

주주행동주의에 대응하여 대상회사의 기존 경영진은 자기주식의 제3자 처 분, 제3자 신주발행, 전환사채 발행 등을 통해 행동주의 투자자의 의결권을 희 석하려는 시도를 하기도 하는데, 그러한 행위가 상법상 요건을 갖추지 못하여 무효인지 여부는 별론으로 하더라도(대법원 2009. 1. 30. 선고 2008다50776 판결 참 조),[42] 만약 대상회사가 지주회사 체계 내 자회사, 손자회사 등에 해당한다면 그 상위 지배회사(예컨대, 대상회사가 자회사라면 지주회사)의 지분율이 희석되므로 희석 비율에 따라 공정거래법상 행위제한 규정에 위반될 수 있다. 주권상장법 인의 자본시장법상 일반공모증자라 하더라도 마찬가지이다(자본시장법 제165조의 6). 이러한 점도 행동주의 투자자와 대상기업의 기존 경영진이 고려해야 할 요 소 중 하나이다.

---

41) 참고로, 최근 공포된 개정 공정거래법(법률 제17799호)에 따르면, 지주회사 자회사, 손자회사 의무 지분율 요건이 강화된다. 신규 설립, 전환된 지주회사이거나, 기존 지주회사가 자회사, 손자회사를 신규 편입하는 경우, 자회사 및 손자회사에 대한 의무지분율을 상장사 경우 20%에서 30%로, 비상 장사 경우 40%에서 50%로 각각 상향시켰다. 개정 법률의 주요 내용에 관해서는 공정거래위원회 (60면 각주 10) 참조.

42) 실제 경영권 분쟁이 발생하면 신주 등 발행이 상법상 요건을 구비하였는지를 둘러싸고 소송 등을 통해 첨예한 다툼이 발생한다.

나. 담합 관련

공정거래법에 따르면, 사업자는 계약·협정·결의 기타 어떠한 방법으로도 다른 사업자와 공동으로 부당하게 경쟁을 제한하는 내용으로 가격을 결정·유지 또는 변경하는 행위 등 일정 유형의 행위를 할 것을 합의하거나 다른 사업자로 하여금 이를 행하도록 하여서는 안 된다. 이러한 합의는 부당한 공동행위, 이른바 담합으로 금지된다(공정거래법 제19조 제1항).

최근 OECD는 경쟁위원회 차원에서 기관투자자의 경쟁기업들에 대한 공동 지분취득에 따라 발생할 수 있는 담합 이슈를 다룬 바 있다.[43] 예컨대 기관투자자가 여러 경쟁관계에 있는 회사들의 지분을 공동소유하는 경우, 이들 대상회사들 간 담합을 촉진하는 효과를 발생시킬 수 있다. 예컨대 기관투자자가 대상회사들로부터 정보를 취합, 전달하고 담합 준수를 감독(monitoring)하는 담합 형성자(cartel ringmaster)로 기능할 수 있다는 것이다. 기관투자자 입장에서는 회사 중 일부가 담합에서 이탈해 추가이익을 얻을 수 있다 하더라도, 나머지 대상회사의 손실이 이를 상쇄하기 때문에 대상회사들 간 담합 이탈을 방지할 유인이 발생한다.[44]

특히, 최근 공포된 개정 공정거래법에 따르면 아래와 같이 일정한 정보교환 행위를 담합으로 규율한다(제40조 제1항 제9호, 제5항 제2호). 이에 따르면, (i) 가격·생산량 등에 관한 정보교환으로써 경쟁을 실질적으로 제한하는 행위에 대한 합의를 금지행위 유형에 포함시키고, (ii) 가격의 공동인상 등 외형상 일치와 정보교환 사실이 확인되는 경우 합의를 법률상 추정토록 한다. 때문에 동 개정 법률 시행 후 행동주의 투자자는 경쟁관계에 있는 복수의 회사에 투자할 때 이러한 점을 염두에 둘 필요가 있다.[45]

---

43) OECD, DIRECTORATE FOR FINANCIAL AND ENTERPRISE AFFAIRS COMPETITION COMMITTEE (73면 각주 23).

44) OECD, DIRECTORATE FOR FINANCIAL AND ENTERPRISE AFFAIRS COMPETITION COMMITTEE (73면 각주 23), 20면.

45) 개정 법률의 주요 내용에 관해서는 공정거래위원회(60면 각주 10) 참조.

<개정 공정거래법>

제40조(부당한 공동행위의 금지) ① 사업자는 계약·협정·결의 또는 그 밖의 어떠한 방법으로도 다른 사업자와 공동으로 부당하게 경쟁을 제한하는 다음 각 호의 어느 하나에 해당하는 행위를 할 것을 합의(이하 "부당한 공동행위"라 한다)하거나 다른 사업자로 하여금 이를 하도록 하여서는 아니 된다.

9. 그 밖의 행위로서 다른 사업자(그 행위를 한 사업자를 포함한다)의 사업활동 또는 사업내용을 방해·제한하거나 가격, 생산량, 그 밖에 대통령령으로 정하는 정보를 주고받음으로써 일정한 거래분야에서 경쟁을 실질적으로 제한하는 행위
   … (중략) …

⑤ 제1항 각 호의 어느 하나에 해당하는 행위를 하는 둘 이상의 사업자가 다음 각 호의 어느 하나에 해당하는 경우에는 그 사업자들 사이에 공동으로 제1항 각 호의 어느 하나에 해당하는 행위를 할 것을 합의한 것으로 추정한다.

2. 제1항 각 호의 행위(제9호의 행위 중 정보를 주고받음으로써 일정한 거래분야에서 경쟁을 실질적으로 제한하는 행위를 제외한다)에 필요한 정보를 주고받은 때

한편, 복수의 행동주의 투자자들이 연대하여 공동의 목적을 추진하는 과정에서도 담합 이슈가 제기될 수 있다. 예컨대 서로 경쟁관계인 회사 A, B사를 각각 지배하는 투자자들이 상호 합의하에 A, B사와 경쟁관계인 피투자회사 C사의 가격정책 등 경영사항에 관해 공동으로 영향력을 행사하는 경우이다. 제3자가 지배력을 보유한 피투자회사에 대한 주주 행동주의 실천과정에서 소수지분을 보유한 투자자들의 연대는 기존 경영진에 대한 압박 강도를 극대화하는 유효한 수단이 될 수 있는 반면, 경우에 따라 투자자들의 계열회사(A, B사)가 피투자회사와 경쟁관계를 형성하는지에 따라 담합 이슈가 발생할 수도 있기 때문에 주의할 필요가 있다.

다. 국민연금기금 수탁자 책임에 관한 원칙(스튜어드십 코드) 도입 관련

최근 국민연금공단은 국민연금기금운용위원회 회의에서 수탁자 책임에 관한 원칙(스튜어드십 코드) 도입방안을 의결하였다(국민연금기금운용위원회 2018. 7.

30.자 의결 제2018-8호). 위 스튜어드십 코드는 여러 원칙을 담고 있는데, 그 중 공정거래 이슈와 관련된 것을 살펴보면 아래와 같다.[46]

'수탁자 책임 활동지침 마련 및 주주활동 수행'(원칙4)과 관련하여 국민연금은 주주권행사 주요 이행방식으로 (i) '중점관리사안'을 선정하고, (ii) 관련 기업과 비공개로 대화 시행을 확대하며, (iii) 비공개중점관리기업 및 공개중점관리기업을 선정하고 후자에 대해서는 공개서한을 발송하며, (iv) 비공개 대화 진행에도 불구하고 미개선된 경우 의결권행사와 연계하여 반대의견을 제시한다.

(i)과 관련해서 주주가치 기업가치를 훼손하는 형사상 횡령·배임, 공정거래법상 부당지원행위(제23조 제1항 제7호) 및 총수일가 사익편취행위(제23조의2)[47]는 중점관리사안에 해당한다.

(ii) 이러한 중점관리사안에 해당하거나 그러한 우려가 있는 기업, 그 밖에 중대한 기업가치 훼손 우려가 있는 기업에 대해서는 비공개대화를 시행한다. 담합 등 공정거래법 위반도 이러한 중대한 기업가치 훼손 우려를 불러일으킬 가능성이 있다. 비공개대화는 사실관계 및 기업조치사항 확인, 개선대책 요구 등을 위한 이사회·경영진 면담, 비공개 서한 발송 등의 방식으로 시행된다.

(iii) 위 중점관리사안과 관련된 이사 등에 대해서는 의결권과 연계하여 선임 반대의견을 제시하게 된다.

(iv) 비공개중점관리기업로 선정되어 대화하였으나 미개선된 경우 공개중점관리기업으로 선정하여, 명단을 공개하고 개선을 요구하는 공개서한을 발송한다.

공정거래법과 관련해 부당지원행위와 총수일가 사익편취행위는 그 자체로 공정거래위원회 및 검찰의 제재처분이나 형사처벌의 대상에 해당할 뿐만 아니

---

46) 국민연금기금운용위원회, "국민연금기금 수탁자 책임에 관한 원칙(스튜어드십 코드) 도입방안", 2018. 7. 30.

47) 참고로, 개정 공정거래법(법률 제17799호)에 따르면, 총수일가 사익편취 규율대상이 확대된다. 종전 총수일가의 지분율이 30% 이상인 상장 계열사 또는 지분율이 20% 이상인 비상장 계열사가 제공객체에 해당하였으나, 개정 법률에 따르면 상장 여부를 불문하고 총수일가 지분율이 20% 이상인 계열사 및 그 회사가 50%를 초과하여 지분을 보유하고 있는 자회사가 제공객체에 해당하게 된다(제47조). 개정 법률의 주요 내용에 관해서는 공정거래위원회(60면 각주 10) 참조.

라, 국민연금의 스튜어드십 코드에 따른 주주권행사에 영향을 미친다는 점에서도 유의할 필요가 있다.

참고로 국민연금은 2018년 하반기부터는 위 스튜어드십 코드에 따라 이사가 횡령, 배임 등으로 기업에 손해를 끼친 경우 주주대표소송, 손해배상소송 등을 보다 적극적으로 검토하겠다는 입장을 밝힌 바 있다.

참고문헌

1. 단행본

공정거래위원회, 기업결합신고 가이드북, 2019.

2. 논문

최문희, "EU 제2차 주주권지침과 독일 주식법 개정안", BFL 제93호(2019. 1.).

3. 기타

공정거래위원회, 공정거래 제도의 개요, 2016.

공정거래위원회, 해명자료(2017. 1. 12.).

공정거래위원회, "2020년 공시대상기업집단 지정결과 발표", 보도자료(2020. 5. 1.).

공정거래위원회, "공정거래법 전부개정안 국회 본회의 통과", 보도자료(2020. 12. 9.).

공정거래위원회, "2021년 공정거래위원회 주요업무 추진계획", 보도자료(2021. 1. 22.).

국민연금기금운용위원회, "국민연금기금 수탁자 책임에 관한 원칙(스튜어드십 코드) 도입방안", 2018. 7. 30.

금융감독원, 금융소비자 정보포털 파인 금융용어사전.

OECD, DIRECTORATE FOR FINANCIAL AND ENTERPRISE AFFAIRS COMPETITION COMMITTEE, "Policy Roundtables —Definition of Transaction for the Purpose of Merger Control Review", 2014. 1. 24.

OECD, DIRECTORATE FOR FINANCIAL AND ENTERPRISE AFFAIRS COMPETITION COMMITTEE, "Common Ownership by Institutional Investors and its Impact on Competition", 2017. 11. 29.

주주행동주의와 M&A

서준희

파트너 변호사. 서울대 법대를 졸업한 후 현재 법무법인(유) 지평에서 기업일반, 인권경영, M&A, 제약·바이오·의료 및 엔터테인먼트 등과 관련된 자문업무를 수행하고 있다.

곽은비

변호사. 서울대 로스쿨 졸업 후 법무법인(유) 지평에서 기업일반·국제거래, M&A, 준법·윤리·인권경영, 노동 자문업무를 수행하고 있다.

주주행동주의와 M&A

1. 들어가며

국내에서의 주주행동주의는 아직 해외에 비하여 상대적으로 덜 활발하게 개진되는 편이다.[1] 한국에서의 주주행동주의는 국내 회사들에 주요 지분을 가지고 있는 국민연금공단(이하 '국민연금')이 2018년 7월 스튜어드십 코드를 채택하고, 보다 적극적인 주주권 행사에 대한 요구에 응하기 시작하며 본격적으로 가시화되기 시작하였다. 즉 2018년에 접어 들어서야 '주주행동주의의 기관화'가 국내 자본시장의 주요 화두로 떠오른 것이다. 그러나 외국에서는 1970년대 기업사냥꾼(Raiders)의 등장, 2000년대 기업지배구조 펀드를 통한 제도화, 그리고 2010년대 행동주의 헤지펀드들의 활동에 의한 기관화를 거쳐 주주행동주의가 지속적으로 확대되었으며, 점차 대기업 운영의 보편적인 고려사항으로 자리잡기에 이르렀다.[2] 전세계적으로 2019년 한해 동안 총 839개의 회사가 주주행동주의의 대상이 되었으며, 이 중 미국 회사들이 전체의 56%(470개)를 차지한다.[3]

---

1) 글로벌 행동주의 펀드의 활동 건수를 비교해 보면 한국이 아시아 지역 내에서 가장 적다(2017년 기준 일본 32%, 홍콩 24%, 싱가포르 14%, 중국 10%, 인도 8%, 한국 6%). 조강욱, "기업사냥꾼? 가치 제고? 불 붙는 韓 주주행동주의", 아시아경제(2019. 1. 12.).

2) 김화진, 사례로 보는 M&A의 역사와 전략, 더벨, 2019, 302면.

3) "Shareholder Activism in 2019", Activist Insight(2020. 1.), https://www.activistinsight.com/

그 중 특히 주목할 만한 것이 M&A와 관련된 주주행동주의 요구의 증가 추세이다. 주주행동주의 분석 및 대응전략 수립 업무 등을 수행하는 라자드 주주 자문 그룹(Lazard Shareholder Advisory Group, 이하 'Lazard')의 2020년 1월자 보고에 의하면, 2019년의 주주행동주의 활동 중 약 47%가 M&A와 관련되어 있었던 반면, 그 이전인 2014년부터 2018년까지는 M&A와 관련된 주주행동주의 요구가 약 1/3 규모에 불과했다.[4] 2020년 3분기에도 전체 주주행동주의 목표의 50%를 M&A와 관련된 의제들이 차지하며 이와 같은 흐름이 지속되고 있다.[5] 행동주의 주주들은 특정한 영업부문의 매각, 회사의 분할, 회사가 추진하고 있는 M&A 거래에 대한 반대의사 표시 등 다양한 방식으로 M&A와 관련된 의사결정을 요구하거나 저지하고 있다. 주주행동주의 활동의 양태가 다각화되면서, 배당 확대·이사 선임과 관련된 기존의 의제를 넘어 M&A와 같은 구체적인 기업의 경영전략에 대한 요구로까지 그 저변이 넓어지고 있는 것이 해외 주주행동주의의 발전 양상이라고 할 수 있다.

한국의 경우 아직 M&A와 관련된 주주행동주의 의제가 전면에 드러난 상황은 아니며, 대부분의 주주제안은 전통적인 주주행동주의의 목적인 주주 측 이사·감사의 선임, 1주당 배당 금액의 증대에 집중되어 있는 실정이다. 그러나 해외에서의 주주행동주의 발전 흐름에 비추어볼 때, 한국에서도 머지않아 M&A가 행동주의 주주들의 주요 전략 중 하나로 대두될 가능성이 높아 보인다. 이미 주주들이 주주 서한 등을 통하여 M&A에 관한 의견을 개진한 사례들이 등장하였으며, M&A가 주주행동주의라는 맥락과 배경하에서 논의되는 사례가 날이 갈수록 늘어갈 것으로 예상된다. 이하에서는 M&A와 관련된 주주행동주의의 다양한 전략(요구) 사례들을 살펴보고, 그 법적 한계 및 주주행동주의 전

---

research/ShareholderActivism_In2019.pdf.

4) "2019 Review of Shareholder Activism", Lazard's Shareholder Advisory Group(2020. 1.), https://www.lazard.com/media/451141/lazards−2019−review−of−shareholder−activism−vf.pdf.

5) "Review of Shareholder Activism - Q3 2020", Lazard's Shareholder Advisory Group(2020. 10.), https://www.lazard.com/media/451406/lazards−q3−2020−review−of−shareholder−activism.pdf.

략에 대한 회사(경영진·이사회)의 대응 방안을 살펴보도록 한다.

2. 주주행동주의와 M&A

가. 주주행동주의의 개념

주주행동주의란 투자의 대상이 된 회사의 경영을 개선할 목적으로, 기업의 운영 내지 정책에 대하여 변화를 요구하고자 주주권 행사를 위한 공식적 방법 및 비공식적인 방법을 사용하는 것을 의미한다.[6] 행동주의 주주들은 위와 같은 방법을 통하여 기업 가치를 높임으로써 결과적으로 주주(주식) 가치를 높이고자 한다. 주주행동주의는 주로 이사회의 구성, 기업집단의 지배구조 개편, 기업 현금 활용의 증가, 배당 확대 등에 관한 제안의 형태로 나타나지만, 앞서 살펴본 바와 같이 해외의 경우 M&A와 관련된 적극적인 의견 개진 및 압력 행사가 주요한 의제로 부상하고 있다. 주주행동주의의 범주 안에는 목소리 내기(voice), 직접 개입(direct intervention)뿐 아니라 주식을 매각하는 것도 포함된다.[7]

주주행동주의에 대해 기업에 대한 '감시자'로서의 역할 수행을 통하여 기업 가치를 높이며, 이로써 시장의 발전에도 기여한다고 긍정적으로 평가하는 관점이 있다. 행동주의 주주들이 경영진과 적극적으로 대화하고 이들을 감시함으로써 자신의 이익뿐 아니라 다른 주주들의 이익도 증대시키기 때문이다. 다수의 주주들이 연대하여 회사에 영향력을 행사하기 어려운 상황에서, 행동주의 주주가 이들의 대변자(shareholder advocate)와 같은 긍정적인 역할을 수행할 수 있다는 것이다.[8] 반면, 헤지펀드·사모펀드의 경우 기업 매각, 기업 구조조정,

---

6) 안수현, "주주행동주의(Shareholder Activism)의 순기능 강화를 위한 몇 가지 논의", 경영법률 제 30권 제3호(2020. 4.), 249면.

7) 안수현, "주주활동의 최근 동향과 한국형 스튜어드십코드에의 시사점", 기업지배구조 리뷰 Vol. 85 (2018. 1.), 31면.

8) 정대익, "주주행동주의의 법적 한계", 경영법률 27권 2호(2017. 1.), 239면.

사업 다각화 등의 공격적인 요구를 통하여 신속히 단기 수익(절대 수익)을 추구하려는 경향이 있는데, 이로써 기업의 장기 경쟁력과 지속 가능성이 저해된다는 우려도 제기된다. 단기 실적주의에 치중한 나머지 연구개발(R&D) 분야에 대한 비용 지출, 공장 등 시설에 대한 투자 및 고용을 줄이는 반면 배당은 늘리는 등의 일시적 차익 증대에 치중한다는 것이다.[9)]

상법은 원칙적으로 회사의 경영이 이사회를 통하여 이루어지도록 정하고 있고, 주주는 상법 또는 정관상 주주총회의 의결을 얻도록 정한 사항을 통해서 회사의 운영에 직접적으로 관여하게 된다. 주주가 소수주주권을 통하여 주주제안권을 행사하거나(상법 제363조의2, 제542조의6 제2항), 주주총회 소집청구권을 행사할 수는 있지만(상법 제366조, 제542조의6 제1항), 여전히 주주총회를 통한 영향력의 행사에는 한계가 있다. 이에 따라 행동주의 주주들은 주주로서의 의결권의 행사에 만족하지 않고, 비공식적으로 의사를 회사에 전달하거나, 캠페인을 벌이거나, 이사 선임을 위한 의결권 위임을 권유하는 등의 비공식적인 전략을 펼치는 경우가 많다.

나. M&A의 범위

1) M&A 용어의 의미

M&A라는 용어는 매우 보편적으로 사용되지만, 그 의미는 다의적이다. 문언상 M&A는 인수(Acquisition)와 합병(Merger)을 결합한 용어이지만, '인수'와 '합병'을 각각 어떻게 이해하는지에 따라 매우 다양한 뜻이 포함될 수 있다.

상법상 '합병'은 둘 이상의 당사회사의 전부(신설합병의 경우) 또는 하나를 제외한 전부(흡수합병의 경우)가 해산하여 청산절차 없이 소멸하고, 그 전 재산(권리의무)이 신설회사 또는 존속회사에 포괄승계되는 동시에, 해산회사 사원에게 합병대가로 신설회사 또는 존속회사의 사원권(주식) 또는 금전 등의 재산을

---

9) 최준선, "주주행동주의에 대한 대응방안", 기업법연구 제33권 3호(2019. 9.), 268면.

부여하는 회사법상의 행위 내지 제도로 이해된다.[10] 그러나 통상 합병을 논의할 때에는 위와 같은 협의의 상법상 합병 외에, 기업 인수를 포함한 기업결합 전반을 지칭하는 경우가 많다. '합병'과 '인수'라는 용어는 일상생활에서 혼용되기도 한다.

기업 '인수'는 인수되는 대상 기업의 목적물에 따라 (i) 영업, (ii) 자산 및 (iii) 주식으로 구분될 수 있으며, 자산의 범위에는 유형자산(토지, 건물, 생산설비 등)뿐 아니라 영업권, 지식재산권, 기타 계약상 권리 등 포괄적인 권리도 포함될 수 있다. 주요 특징은 아래 표에 기재한 것과 같다.

구분	내용
영업양수도	일정한 영업목적에 의하여 조직화된 업체, 즉 인적·물적 조직을 그 동일성은 유지하면서 일체로서 이전하는 것을 의미함. 회사의 자산, 노하우, 영업조직, 판매망 및 거래선 등 각종 권리의무관계가 이전됨.
자산양수도	매매를 통해 부동산, 기계·설비, 특허권 같은 자산의 전부 또는 일부의 소유권이 이전되는 것을 의미함. 계약을 통해 개별 자산을 매입하게 되며 이전 대상 자산이 아닌 다른 인적·물적 조직은 이전되지 않음.
주식양수도	회사의 주식을 매매하는 것으로, 경영권은 변동될 수 있으나 회사의 기존 권리의무관계는 변경 없이 유지됨.

주식 인수의 경우, 인수 대상 회사의 경영진이나 지배주주의 거래 의사에 따라 우호적 주식 인수(friendly M&A) 또는 적대적 주식 인수(hostile M&A)로 구분되기도 한다. 우호적 주식 인수의 경우 쌍방의 협의에 의하여 거래조건이 결정되지만, 적대적 주식 인수의 경우 경영진의 의사에 반하여 대상 회사의 경영권을 차지하기 위한 활동을 진행하게 된다. 이를 달성하기 위하여 시장에서 주식을 매집하거나, 공개매수 방식으로 불특정다수의 주주들로부터 주식을 매수하거나, 의결권 대리행사 권유를 통해 다른 주주들의 지지를 확보하는 방법 등을 사용한다. 궁극적으로 이사회 다수를 인수자측 사람들로 선임하여 경영권을

10) 권기범, 기업구조조정법, 삼영사, 2011, 48면.

확보하는 데에 목적이 있다.[11]

한편, 전술한 합병과 인수 외에도 전형적인 기업구조 재편의 방식으로 '분사(spin-off, split-off)'가 논의된다. 상법상 '분할'은 어느 주식회사(이를 '분할회사'라 함)의 적극 및 소극재산(권리의무)이 분리되어 이미 존재하는 또는 신설되는 하나 이상의 주식회사(이를 '승계회사'라 함)에 부분적으로 포괄승계되고 그 대가로 이들 승계회사의 주식이 원칙적으로 분할회사의 주주들에게 부여되는(단순분할·흡수분할합병·신설분할합병, 이른바 인적분할), 그러나 예외적으로 분할회사자신에게 부여되기도 하는(물적분할) 회사법상의 행위 내지 제도이다.[12] 그러나일반적으로 '분사'라는 용어는 상법상 분할 외에도 영업 부문의 현물출자(회사설립 또는 신주 발행시 금전 이외의 재산으로 하는 출자), 영업양수도까지도 포함하는폭넓은 개념으로 사용되기도 한다.

2) M&A의 목적 및 방법

M&A는 특정한 사업 분야를 인수(상대방의 입장에서 볼 때에는 매각)하기 위한목적에서 다양한 방법을 사용하여 진행되는 거래라고 할 수 있다. M&A의 형태를 불문하고 (i) 인수인(양수인)은 대가 지급을 통하여 대상 사업을 인수하여 지배하게 되며, (ii) 양도인은 지배권을 양도하는 대가로 현금·주식 등의 자산을취득하게 된다. 인수하는 회사의 입장에서 볼 때, 인수 대상이 된 회사의 (i) 사업 전부를 인수하고자 하는지(합병, 영업 전체 양수도, 주식양수도), (ii) 사업의 일부만을 인수하고자 하는지(분리 절차로서 분할합병, 영업 일부 양수도, 분할 수 주식양수도)에 따라 다음과 같은 M&A 수단이 사용된다.[13]

---

11) 안수현, 앞의 논문(2020. 4.), 249면.
12) 권기범, 앞의 책, 65면.
13) 정준혁, M&A와 주주보호, 경인문화사, 2019, 52면.

	분류	세부분류
사업 전체 인수	합병	일반합병, 교부금합병, 삼각합병
	영업 전체 양수	
	주식양수14)	구주매수
		소액주주로부터의 지분 매집 (공개매수, 장내매수)
		신주발행(제3자 배정)
	주식 교환	주식교환, 이전, 삼각주식교환, 교부금 주식교환
사업 일부 인수	분할합병	
	영업 일부 양수	
	분할 후 주식 양수	물적분할 통한 분리
		현물출자 통한 분리
		자회사 신설 후 영업양도 통한 분리

M&A를 진행할 때에 경영진은 대상 사업의 인수·매각을 통하여 기업 가치가 얼마나 증대될 수 있는지(해당 사업의 전망이 좋은지, 인수·매각 후 시너지를 낼 수 있는지), 대규모 우발 부채가 있는지 또는 진술 및 보장 위반 등으로 인하여 어느 정도의 리스크를 부담하게 될 것인지, 거래대금이 대상 사업의 가치를 적정하게 반영하고 있는지 등을 평가한다. 이때, 어떠한 M&A 방식(거래 구조)을 선택할지, 거래비용·세금을 어떻게 최소화할 것인지, 거래의 확실성을 높이는 수단은 무엇인지, M&A 관련 계약서에 어떤 내용을 담을지 등에 대한 의사결정을 위해서는 실무진, 법무·회계법인과 같은 자문사들의 검토가 수반된다.15)

이처럼 M&A의 방식 및 거래구조는 사업의 인수 또는 매각이라는 경제적 목적을 달성하기에 가장 적합한 수단을 선택한 결과물에 불과하므로, 주주행동주의를 논의할 때에 있어 특정한 유형의 M&A(예컨대, 합병 또는 분할)로 그 범위

---

14) 주식양수 즉, 구주매수 또는 신주발행의 경우 엄밀히는, 발행주식 전부를 매수하거나(구주매수) 경영권을 장악할 수 있을 정도의 수준으로 구주를 매수하거나 다수의 신주를 발행하는 경우를 의미함.
15) 정준혁, 앞의 책, 41−42면.

를 한정할 필요성은 크지 않다. 따라서 본 장에서의 M&A는 법령상 정한 제도·절차에 부합하는지 여부를 불문하고, 특정한 사업 분야의 지배권에 영향을 가져오는 일체의 경영 행위·기업 활동을 포괄하는 것으로 본다(즉, 전술한 합병·분할·영업양수도·주식양수도 등 제반 행위를 통칭하여 'M&A'라고 칭함).

다. 주주행동주의와 M&A

기업들이 M&A를 하는 이유는 매우 다양하다. M&A는 우선 기업 성장전략의 일환으로 추진된다. 인수 대상 회사에 이미 존재하는 영업을 이용하여 신규 시장 진입에 따른 시간을 단축하거나, 진입 장벽을 극복하거나, 시장 지배력을 증대하는 이점을 누릴 수 있다. 또한, 새로운 기술을 포함한 역량을 개발하거나 확보할 수 있으며, 신제품 개발 및 생산의 비용을 부담하지 않은 채로 사업을 다각화할 수 있다. 반면, M&A는 기존에 보유한 자산 또는 영업의 비효율을 관리하거나 제거하기 위한 수단으로 사용되기도 한다. 변화하는 환경에 적응하기 위하여 기존의 한계 사업을 정리하거나, 해당 기업·자산을 보다 효율적으로 운영할 수 있는 대상에 매각함으로써 유동성을 확보하는 것이다.

주주행동주의의 목적은 원칙적으로 기업 가치의 증진에 있기에, 위와 같은 M&A의 이점을 누리기 위한 목적에서 행동주의 주주들은 회사에 M&A를 요구하게 된다. 나. M&A의 범위에서 살펴본 바와 같이 M&A의 개념 정의가 폭넓은 만큼, 행동주의 주주의 요구사항 또한 다양한 형태로 발현될 수 있다.

예컨대, 행동주의 주주들은 (i) 영업 시너지를 내기 위하여 특정한 기업과의 합병 또는 영업·자산·주식의 인수를 요구하거나, (ii) 불필요하게 경영 다각화가 되어 있다고 판단되는 경우 일부 사업을 분리시키는 등의 기업 구조 재편성을 요구할 수 있다. 또는 (iii) 회사의 경영진이 추진하는 M&A 거래가 기업의 가치 저하를 초래할 것이라는 판단하에, 이를 저지하기 위한 압력을 가할 수도 있다. (iv) 경영진에 대한 요구가 받아들여지지 않을 경우, 최후의 수단으로 회사의 경영권을 인수하여 직접 해당 M&A 전략을 추진·저지할 수도 있을 것이다(소위 적대적 M&A).

라. 해외 주주행동주의와 M&A 동향

Lazard의 2020년 1월자 보고서 분석에 의하면 2019년 한해 동안 아래와 같은 주주행동주의 캠페인을 위하여 약 240억 달러의 자본이 투입되었다.[16]

우선, (i) 기업 매각(Sell of the Company)과 관련된 사례가 약 35%를 차지했다. 기업의 매각은 지배주주의 변경(타 기업에 의한 회사의 지분 인수)·합병을 추진하는 시도로, 산업 통합(industry consolidation)을 통한 경영 효율화를 목적으로 한다. 칼 아이칸(Carl Icahn) 주도로 진행되었던 제록스의 HP 인수 시도,[17] 엘도라도리조트(카지노 운영업체)의 시저스엔터테인먼트(세계 최대 복합리조트 기업) 인수[18] 등이 2019년의 주요 사례로 거론된다.

다음으로, (ii) 비주력 사업 분야의 매각·회사 분할 요구(Break-up, Divestiture)가 약 33%를 차지하였다. 일례로, 서드포인트(Third Point)는 공개서한을 통해 소니에 반도체 사업 부문을 분사할 것을 요구하는 한편, 게임·영화·음악 등 엔터테인먼트 사업에 집중하기 위해 금융 사업 지주사인 소니파이낸셜홀딩스와 의료·제약 부문 기업인 M3, 올림퍼스 등의 보유 지분을 모두 매각할 것을 요청했다.[19] 한편, 엘리엇(Elliott Associates: L.P.)은 AT&T에 디렉TV(DirecTV) 인수를 비판하고, 타임워너 인수에도 신중한 입장을 보이며 자산 축소를 요구하

---

16) Lazard's Shareholder Advisory Group, 앞의 보고서(2020. 1.) 참조.

17) 제록스와 HP 양사의 지분을 보유한 칼 아이칸은 제록스의 HP 지분 인수를 추진하였으나 COVID19의 여파로 좌초되었다. 제록스의 HP 인수는 디지털 문서의 보편화로 인해 인쇄업은 쇠퇴하고 있다는 시장 인식을 바탕으로 추진되었다. "제록스, 350억 달러의 HP 인수 포기", IT 데일리 (2020. 4. 1.).

18) 엘도라도는 현금 및 주식거래를 통해 시저스를 87억 달러에 인수하여 합병하기로 하였다. 시저스의 최대주주인 칼 아이칸의 계속된 지분 매각 요구에 따라 위 거래가 성사되었으며, 이로써 카지노 산업에 새로운 거대 기업이 등장하여 라스베이거스 샌즈·윈리조트 등 거대그룹과 치열한 경쟁을 벌이게 될 것으로 전망된다. "엘도라도發 '카지노 대격변'…시저스 엔터 87억 달러에 인수", 서울경제(2019. 6. 24.).

19) "美 행동주의 펀드 '소니, 반도체 분사하라'", 한국경제(2019. 6. 14.).

는 공개서한을 보내기도 하였다.[20]

끝으로, (iii) 회사가 추진하던 M&A 거래를 무산시키거나, 회사에 더 유리하게 거래조건을 변경할 것을 요구한 사례(Scuttle or Sweeten Existing Deal)가 약 32%를 차지하였다. 일례로, 프랑스 헤지펀드인 CIAM은 르노보다 피아트크라이슬러가 더 많은 이익을 얻게 된다는 점을 들어 양사 간 합병을 반대하는 서한을 보낸 바 있다.[21] 또한, 행동주의 주주들 스타보드와 웰링턴이 각각 브리스톨마이어스 스큅(Bristol-Myers Squibb)이라는 제약회사의 셀젠(Celgene) 인수 계획에 반대하는 의사를 표하기도 하였다.[22]

Lazard의 2020년 1월자 보고에 의하면 지난 5년 동안 전체 행동주의 주주 활동 중 M&A가 차지하는 비중은 약 35% 정도에 머물렀으나, 전술한 바와 같이 2019년에 그 비율이 47%로 급성장하였으며 2020년 3분기에도 50% 비중을 차지하였다. 해외에서는 더 이상 M&A와 주주행동주의를 분리해서 논의하기 어려울 정도로, M&A가 행동주의 주주들의 주요 관심 항목으로 자리잡은 것이다.

3. M&A와 관련된 주주행동주의 동기 및 한계

가. M&A가 주주들에게 미치는 영향

M&A는 주주들에게 복합적인 영향을 미친다. 통상 M&A를 추진하는 쪽은 다수 지분을 보유한 지배주주 및 경영진 쪽이며, 이에 관하여 주주행동을 개진하는 측은 상대적으로 적은 비율을 보유한 소수주주이다. 지배주주일 경우 자신이 선임한 이사회를 통하여 의사를 관철하면 되기 때문에, 행동주의 주주로서의 전략을 취할 필요성이 낮다. 즉, 주주행동주의는 자신의 의결권을 넘어서는 영향력을 행사하기 위하여 추진되는 것이므로, M&A가 소수주주들에게 어

20) "AT&T 흔드는 엘리엇…전방위 경영간섭 포문", TEXAS 한국일보(2019. 9. 11.)
21) "Renault board stalls decision on €33bn FCA merger", Financial Times(2019. 6. 4.)
22) "Starboard joins opposition to Bristol-Myers' $74 billion Celgene deal", Reuters(2019. 2. 28.)

떠한 영향을 미치게 되는지를 살펴볼 필요가 있다.

주식 또는 사업을 인수하는 M&A를 진행하려면 회사는 자금을 조달하여야 하는데, (i) 이를 위하여 신주를 발행할 경우 주주들의 지분이 희석되는 피해를 입을 수 있으며, (ii) 사채를 발행하거나 금융기관 등에서 자금을 차입할 경우, 회사의 재무구조가 악화되어 주주 가치가 간접적으로 저하될 수 있다. 특히 인수 대상 회사의 기업 가치가 과대 평가되거나 기대하였던 효과(영업 시너지, 새로운 시장 진입 등)를 얻지 못해 결과적으로 M&A가 인수 회사에 득보다 실이 되는 경우, 주주들은 손해를 보게 된다. 반면, 회사가 보유한 자산, 사업, 주식 등을 매각하는 M&A의 경우에도 마찬가지이다. 적정한 가격에 이를 매각하였는지, 매각대금은 어떠한 용도로 사용할 것인지, 지분 매각에 어떠한 비용이 수반되는지에 따라 주주들에게 부정적인 영향이 발생할 수 있다.

회사의 지배주주는 회사의 전체 가치를 증대시키기 위해 M&A를 하기도 하지만, 자신의 개인적인 이익을 얻기 위해 이를 추진하기도 한다. 특히 계열회사 간 M&A 거래의 경우, 기업집단 지배주주의 의도에 따라 개별 회사의 이익보다 전체 기업 집단의 및/또는 지배주주의 이익을 극대화하는 방향으로 M&A가 이루어지는 경우가 발생할 수 있다.[23)]

이처럼 M&A는 기업의 가치와 재무상황에 중대한 영향을 미치며, 주주 간 부의 이전을 초래할 수도 있으므로 감시 및 견제의 필요성이 매우 높다. 행동주의 주주들이 M&A를 의제 삼아 행동을 개진하는 이유가 여기에 있다. 그러나 아래에서 살펴보듯, 상법이 예정하고 있는 방식만으로는 주주들이 M&A에 관한 의사결정에 개입하기가 상당히 어렵다.

---

23) 정준혁, 앞의 책, 17면. 참고로, 「독점규제 및 공정거래에 관한 법률」에 따른 상호출자기업집단(자산총액 5조원 이상인 기업집단) 지정 현황(2020. 5. 4.)에 의하면, 2,284개 소속회사를 지배하는 64개 기업집단 중 55개(약 86%) 집단에 총수가 있다. 지배주주의 사적 이익 또는 기업집단 내 회사들의 시너지가 중요하게 고려될 가능성이 있음을 시사한다.

나. 주주 권리 행사의 한계

1) 상법상 규정된 M&A 관련 주주 권리

우리나라 회사법이 예정하는 가장 대표적인 M&A 거래 방식은 합병, 영업양수도, 주식양수도 세 가지인데, 일정한 경우에 한하여 소수주주에 대한 보호 수단을 마련하고 있다. 우선, 타 법인의 주식을 인수하거나 매각하는 경우, 예외적으로 주주총회 결의가 필요한 경우를 제외하고, 기본적으로 회사는 이사회 결의만으로 이를 진행할 수 있다. 통상 양도회사의 지배주주/경영진과 인수회사의 지배주주/경영진 간의 합의에 따라 주식의 양수도가 진행되며, 그 과정에서 주주들이 공식적으로 관여할 방도는 없다.

합병의 경우 주주총회 특별결의(상법 제522조 제3항, 제434조), 주식매수청구권(상법 제522조의3), 합병 무효의 소(상법 제529조) 등 상대적으로 다양한 수단을 통하여 M&A를 저지할 수 있다. 지배주주·경영진의 입장에서는 주주총회 결의를 거치게 되는 경우 거래의 확실성이 떨어지며, 거래에 관한 정보가 외부에 공개되며, 법정 절차에 따라 일정이 지연되며, 자금이 유출(채권자보호절차 및 주식매수청구권 행사)되는 등의 부담을 안게 된다. 따라서 소수주주의 입장에서 가장 두터운 보호를 받게 되지만, 회사의 입장에서는 같은 경제적 효과를 얻을 수 있다면 합병 외 다른 M&A 수단을 선택할 유인이 크다.

영업의 전부 또는 중요한 일부를 양도하는 영업양수도의 경우 주주총회 특별결의에 의한 승인이 필요하며(상법 제374조 제1항 제1호), 회사 영업에 중대한 영향을 미치는 다른 회사의 영업 전부 양수하는 경우 인수하는 회사가 주주총회 특별결의에 의한 승인을 받아야 한다(상법 제374조 제1항 제3호). 참고로, 법원은 영업용 재산을 처분하는 경우에는 위 조항이 적용되지 않는다고 보면서도, 그로 인하여 회사의 영업 전부 또는 일부를 양도하거나 폐지하는 것과 같은 결과를 가져오는 경우에는 양도회사에 주주총회가 필요하다고 판시하였다(대법원 2004. 7. 8. 선고 2004다13717 판결 등). 위 영업양수도의 경우에도 반대주주의 주식

매수청구권이 인정된다(상법 제374조의2).

2) 소수주주의 의사결정 관여 한계

주식양수도에 의한 M&A의 경우, 거래 규모와 관계없이 인수하는 회사의 이사회 결의사항에 불과하다(인수 회사의 규모에 비추어 거래 규모가 크지 않을 경우 이사회 결의도 거치지 않을 수 있다). 인수하는 회사의 상장 여부 및 거래 규모에 따라 별다른 정보도 공개되지 않는 경우가 있어 주주들의 이익이 침해되기에 매우 용이한 구조이다. 하급심 판결 중에는 타 법인의 주식을 소유하는 것 외에 다른 사업이 없는 회사가 해당 법인의 주식을 처분하는 것은 회사 영업의 일부를 양도하거나 폐지하는 것과 같은 결과를 가져오므로 주주총회 승인이 필요하다고 본 사례가 있었고(서울고등법원 2008. 1. 15. 선고 2007나35437 판결), 2018년 대법원 판례 중에도 주식 처분의 경우 사안의 특수성과 구체적인 정황들을 고려하여 상법 제374조 제1항 제1호가 적용될 수 있다(즉, 주주총회 특별결의가 필요하다)는 취지로 판시한 사안이 있다(대법원 2018. 4. 26. 선고 2017다288757 판결). 그러나 이는 매우 예외적인 사례이고 회사소유 주식 처분 및 인수와 관련하여 주주총회 승인은 불필요하다고 보는 것이 일반적이다. 이처럼 주식양수도를 통한 M&A의 경우, 주주가 상법상 정한 절차를 통하여 개입하는 것이 사실상 제한되어 있으므로 행동주의 주주의 입장에서는 (i) 비공식적인 방법을 통하여 의사를 개진(주주서한, 경영진과의 대화 등)하거나, (ii) 자신이 지명한 이사 선출을 위한 캠페인을 펼치는 것(주주제안, 임시주주총회 소집 청구, 위임장 대결 등)이 불가피하다.

앞서 살펴본 바와 같이 일정한 조건을 갖춘 합병 및 영업양수도는 주주총회 특별결의 사항이다. 그러나 상법상 주주총회 특별결의 사항이라고 하더라도 보유 지분이 1/3 미만이라면 의사결정에 실질적인 영향력을 미치기 어렵다(상법 제434조에 따라 주주총회 특별결의는 출석 주주 의결권의 2/3 이상과 발행주식 총수의 1/3 이상의 수로써 함). 행동주의 주주들이 일반적으로 회사의 지분을 5%에서 10% 사이 정도 보유한다는 점을 고려하면, 행동주의 주주의 입장에서는 위임장 경쟁(proxy fight)을 통하여 우호 지분을 확보하지 않는 이상 자신의 의사를 관철시키는 것이 사실상 불가능하다. 결국 상법상 주주총회 결의사항으로 규정하고 있는 M&A의 거래에 관해서도, 행동주의 주주로서는 자신의 의결권을 넘어서는 영향력을 행사하기 위하여 각종 비공식적인 방법을 시도하게 될 가능성이 높다.

3) 상법상 정한 소수주주권 행사의 한계

상법상 규정된 소수주주의 권리인 주주제안권 및 임시주주총회 소집청구권을 M&A와 관련된 주주행동의 수단으로 사용하는 데에도 한계가 있는 것은 마찬가지이다.

현행 상법은 주주총회 소집결정 권한을 이사회에 부여하고 있으며, 주주총회의 소집통지서에 기재할 회의의 목적사항을 이사회에서 결정하도록 정하고 있다(상법 제362조, 제363조 제1항, 제2항 참조). 이에 이사회만이 주주총회의 의제와 의안에 대한 전속적인 결정권을 보유한다. 주주제안권은 이사를 선임하지 못한 소액주주들이 자신의 의사를 주주총회 안건으로 상정할 수 있도록 함으로써, 이사회에 의견을 전달하는 한편 주주들의 참여를 통해 대리인 문제를 완화하는 의미 있는 수단으로 논의된다.[24] 과거에는 주주제안권의 행사 빈도가 높지 않았으나, 최근 주주제안을 활용하는 예가 급격하게 증가하고 있는 추세이다.[25] 특히 2020년 2월 1일에 시행된 자본시장법 시행령은 배당, 지배구조 관련 정관변경, 관계법령에 따른 이사해임에 대한 주주 제안을 '경영권 영향 목적 없음'으로 분류하고 있어, 투자 대상 기업의 지분을 5% 이상 보유하고 있는 기관투자자들이 주주제안을 보다 용이하게 추진할 수 있게 되었다.

---

24) 강윤식, "주주제안 제도의 의의와 발전방안", CGS Report 2권 9호(2012. 5.), 3면.

25) 유가증권시장에 상장된 기업 중 2019년 주주총회 시즌에 주주제안이 상정된 회사와 안건의 수는 각 17개사, 57건으로 2018년(9개사, 21건)에 비해 크게 증가하였으며, 상정된 안건도 배당 확대 외에 사외이사 선임이 큰 비중을 차지하였다. 이수원, 정한욱, "2019 주주총회 리뷰—기관투자자의 주주관여 현황과 시사점", 한국기업지배구조원(2019. 4. 24.), http://www.cgs.or.kr/common/businessdown.jsp?fp=xqAepm5bDBMbZ0kCf1HUWSRHIdzz6X%40PLUS%403CH19L6QGe2c%3D&fnm=F5UBXhbXPbR6AF8vVS1muC8eTp6wuKi0bP8VaAPjHV8%3D&fidx=23.

그러나 주주제안을 M&A 행동주의 전략으로 활용하는 데에는 여러 한계가 있다. 우선, 비상장회사의 경우 의결권 없는 주식을 제외한 발행주식 총수의 3% 이상(상법 제363조의2 제1항), 상장회사의 경우 6개월 전부터 계속하여 회사의 규모에 따라 의결권 없는 주식을 제외한 발행주식 총수의 1% 또는 0.5% 이상에 해당하는 주식을 보유(상법 제542조의6 제2항)해야 한다는 비교적 엄격한 행사 요건을 충족해야 한다.[26] 또한, 주주총회일의 6주 전에 서면 또는 전자문서로 주주제안서를 제출해야 한다는 시간적 제한(상법 제363조의2 제2항)으로 인하여 임시주주총회에서 해당 권리를 행사하는 것이 현실적으로 어렵다. 보다 근본적으로는 '내용상의 제한'이 문제된다. 주주제안의 내용은 법령이나 정관에서 주주총회의 권한으로 정한 사항에 한정이 되기 때문이다(상법 제361조 참조). 따라서 이사회의 권한에 속하는 경영 또는 업무집행에 관한 사항은 주주제안의 대상이 되지 못한다. 주식양수도와 같은 통상적인 M&A의 찬반 의견 또한 주주제안의 대상이 될 수 없다.

앞서 살펴본 것과 같은 이유에서, 임시주주총회의 소집 청구 또한 M&A와 관련된 유효한 행동 수단이 되기 어렵다. 상법은 다수 주주를 견제하는 한편 소수주주의 권리를 보호할 수 있도록 발행주식 총수의 3% 이상을 가진 주주(상법 제366조, 상장회사의 경우 발행주식 총수의 1.5% 이상을 6개월 이상 보유, 제542조의6 제1항)가 임시주주총회의 소집을 청구할 수 있도록 정하고 있으며, 이사회가 지체없이 소집 절차를 밟지 않는 경우 법원의 허가를 통해 총회를 소집할 수 있도록 정하고 있다. 그러나 총회소집 허가 신청이 권리남용에 해당하거나 주주총회 소집의 필요성이 없는 경우는 기각 사유가 될 수 있다.[27] 주주총회 결정 권한에 속하지 아니하는 M&A 거래를 대상으로 주주총회 소집 청구를 할 경우,

---

26) 참고로 이러한 조항 체계상 상장회사의 경우 6개월 이상의 기간 요건을 갖추지 못한 경우에도 일반규정(상법 제363조의2 제1항)에 해당하는 경우 그에 따라 소수주주권을 행사할 수 있는지에 대해 종전에는 해석상의 논란이 있었으나 2020년 개정상법(2020년 12월 9일 국회 본회의 가결)은 일반규정에서 부여된 권리와 상장회사 특례규정에 의한 권리를 선택적으로 적용할 수 있음을 명백히 하였다(상법 제542조의6 제9항 신설).

27) 소버린펀드가 주식회사 에스케이에 대하여 임시주주총회 소집청구를 한 사안에서 서울고등법원은 권리남용을 이유로 청구를 기각한 바 있다(서울고등법원 2005. 5. 13 선고, 2004라885 결정).

법원에서 기각될 가능성이 높다는 의미이다.

4. M&A와 관련된 주주행동주의 전략

가. 개관

　국민연금기금 수탁자 책임에 관한 원칙(2019년 12월 27일 시행), <원칙 4>는 수탁자 책임 활동의 방법으로 의결권 행사, 중점관리사안 선정, 사실관계 확인, 기업의 입장표명 요청, 현황 파악을 위한 자료·정보 요청, 기업의 조치사항 확인, 개선대책 요구, 이사회·경영진 등 회사를 대표할 수 있는 자와의 면담, 질의서·의견서 발송, 공개서한 발송, 주주제안, 의결권행사 연계, 주주 대표소송, 투자자 손해배상소송 제기, 이사회 구성·운영, 이사·감사선임 등을 열거하며 그 범위를 매우 폭넓게 규정하고 있다. 기관투자자의 수탁자 책임에 관한 원칙(2016년 12월 16일 시행), <"원칙"의 도입 목적과 의의> 항목에서도 활동 범위가 '의결권 행사로 한정'되지 않으며, 기업경영전략과 성과, 위험관리, 지배구조 등 핵심 경영사항에 대한 점검과 이사회 등과의 협의를 포함하며, 주주제안과 소송 참여 등 보다 적극적인 형태의 활동을 포괄한다고 명시하고 있다.

　이와 같은 폭넓은 행동주의 주주들의 활동 방법은 특히 M&A를 의제로 할 때에 더 큰 의미를 지닌다. 주주의 행동은 주주총회에서의 의결권의 행사를 통해 이루어지는 경우가 일반적이지만, 앞서 살펴본 바와 같이 M&A와 관련하여 주주가 행사할 수 있는 상법상 권리는 매우 제한적이기 때문이다. 이하에서는 M&A 관련 의제를 위하여 주주들이 사용할 수 있는 행동주의 전략을 살펴본다.

나. 여론·캠페인을 이용한 비공식 활동

　행동주의 주주들이 이용하는 비공식적 주주 행동 중 '공개적'인 방식에는 서한의 발송, 미디어를 이용한 캠페인 등이 포함된다. 미국의 경우 주주제안 전에 백서를 발간하여 주주제안의 주요 내용을 설명하고 이에 대한 근거를 제시하여 다른 주주들의 이해를 높이는 시도가 행해진다.[28] 국내에서도 사모펀드 케이씨지아이(KCGI·강성부 펀드)가 최근 '티저 광고' 기법을 적용해 주주들의 궁금증을 자아내거나(2019년 5월 27일 경영권 승계와 상속 문제의 해법을 선제적으로 제시해 투자기회를 확보할 것이라고 예고함), KB자산운용이 상세한 주주편지를 공개하는 등 관심을 유발시키는 전략을 사용하는 추세이다.[29] 이와 같은 비공식 활동을 통하여 특정 M&A 거래를 지지하거나, 저지하고자 하는 당위성을 설명하고 다른 주주들의 호응을 이끌어내는 전략을 채택할 수 있다.

여론·캠페인을 통한 공개 활동은 주주제안 또는 위임장 경쟁 등의 전 단계에서 분산된 주주들의 결집을 이끌어내기 위한 수단으로, 공개적인 주주 활동과 병행하여 진행될 가능성이 높다.

다. 경영진과의 대화

비공개 주주 행동 방식에는 (i) 경영진과의 대화 내지 토론, (ii) 주요경영진 배석 없이 이루어지는 이사회 구성원과 대화 내지 토론, (iii) 회사에 서면 질의를 보내 의견을 구하는 방법 등이 포함된다. 앞서 살펴본 나. 여론·캠페인을 이용한 비공식 활동과 다르게, 외부에 그 구체적인 내용을 알리지는 않는 방식이다. M&A 거래의 경우, 이와 관련된 구체적이고 전문적인 정보(재무·법률 실사 정보, 거래구조, 거래비용 등)가 우선적으로 전달되어야 해당 M&A 거래가 주주 이익 실현에 도움이 되는지 판단할 수 있다. 이에 바로 언론 보도의 대상이 될 수 있는 공개 주주행동 방식으로 나아가기 보다는, 경영진과 정보를 충

---

28) 대표적으로 2017. 10. 10. 행동주의 투자자인 넬슨펠츠(Nelson Pelz)가 이끄는 Tian Partners가 미국의 생활용품 제조업체인 Procter & Gamble과 위임장대결을 하면서 주주총회에 앞서 "Revitalize P&G Together"라는 백서를 발간하였다. 넬슨펠츠는 P&G의 지분을 1.5% 보유하고 있었다. 김선민, "P&G vs Train의 위임장 대결 및 시사점", KCGS 리포트 8권 4호(2018), 2면.
29) "대주주 문제점 '콕'…토종 행동주의 펀드 '공개편지 전략' 반향", 한겨레(2019. 6. 17).

분히 교환하는 신중한 접근방식이 보다 적합할 수 있다. 이와 같은 방법을 통하여 원하는 바를 달성하지 못하면, 시장에 직접 영향을 미치고자 공개적으로 목소리를 내는 단계로 나아가는 방안을 고려할 수 있다. 종국적으로 공개적인 주주 행동의 방법을 택하더라도 비공식적인 주주 행동을 병행하는 것이 일반적이다. 비공식적 주주 활동 실패 후 공개 활동으로 옮겨가는 것을 경험한 회사로서는 초창기 주주와의 대화 단계부터 적극적으로 임할 유인이 생기기 때문이다.[30]

다만 회사는 대주주를 포함한 특정 주주에게만 미공개 중요정보를 제공하여서는 안 되며, 이사회가 공개되지 않은 정보를 대화를 통해 대주주에게 제공한 경우 주주총회에서 다른 주주의 청구가 있으면 그 다른 주주에게도 당해 정보를 제공하여야 한다. 예컨대, 삼성물산과 제일모직의 합병과 관련하여 2015. 4. 9. 삼성물산의 부사장이 엘리엇 임원과 가진 회의에서 '합병 계획이 없다'는 정보를 제공한 사실이 있는데, 이와 관련하여 법원에서는 합병 계획 유무를 특정 주주에게만 알려줄 의무는 없다고 판시한 바 있다.[31] 다만, 중요정보와 관련하여 '거짓된 정보'를 제공할 경우 법적 책임을 부담할 수 있으므로 '노코멘트', '현 시점에서 구체적인 계획은 없음', '추후 알리겠음' 등의 중립적인 입장을 표명하는 것이 바람직하다.

경영진과의 대화 요청은 주주서한의 형태로 나타날 수 있으며, 비공식적인 절차를 통한 접촉도 가능하다. 미국의 경우 전형적으로 IR부서를 접촉하고, 그 외 총무부서와 법무실, 경영진(재무이사 포함) 등을 접촉하는 것으로 나타났다. 이사회 구성원과의 만남을 갖고자 시도하는 경우에도 통상 총무팀이나 IR팀을 접촉해 이사회 구성원과의 미팅을 요청한다고 한다.[32]

---

30) 안수현, 앞의 논문(2018. 1.), 32면.
31) 서울중앙지방법원 2015. 9. 2. 자 2015카합80896 결정
32) 안수현, 앞의 논문(2018. 1.), 50면.

라. 주주 제안·주주총회 소집 청구

전술한 바와 같이 주주 제안 및 주주총회 소집 청구는 주주총회 결의 사항에 한정되어야 한다는 '내용적 한계'가 있어 M&A와 관련된 주주행동주의의 수단으로 사용하기에 부적합한 측면이 있다. 다만, 주주 제안권의 존재 의의는 반드시 주주의 제안을 가결시키는 데에만 그 뜻이 있는 것이 아니라, 주주가 의제나 의안을 총회에 제출하고 이를 소집통지서 등에 기재함으로써 주주의 의견을 경영자나 다른 주주에게 공시하는 데에도 중요한 의미가 있다.[33] 특히 주주 제안 사항을 표결에 부치는 과정에서 해당 주주 행동의 취지나 방향에 공감하는 주주들의 지지가 결집될 수 있으며, 회사로 하여금 경영전략을 재고하게 할 수도 있다.

마. 의결권 대리행사를 통한 위임장 경쟁

앞서 살펴본 바와 같이 행동주의 주주들은 약 5~10% 정도의 소수지분을 보유하고 있는 경우가 많기 때문에, 의결권 확보가 필요하다. 이에 다른 주주들로부터 의결권 대리행사에 관한 위임장을 획득하여 원하는 바를 관철하고자 한다. 행동주의 주주는 주주명단을 파악하기 위하여 주주명부 열람·등사청구권 (상법 제396조 제2항)을 행사할 수 있으며, 회사는 이에 대하여 정당한 이유 없이 거절할 수 없다.[34]

이와 같은 위임장 경쟁을 통하여 헤지펀드와 같은 행동주의 주주들은 자신들이 선임한 이사를 이사회에 포함시키는 것을 주된 목적으로 삼는다. 앞서

---

33) 김재두, "주주제안권제도에 관한 법적 검토", 금융법연구 제11권 제2호(2014. 8.), 367면.
34) 주주의 열람·등사권 행사가 부당한 것인지는 행사에 이르게 된 경위, 행사의 목적, 악의성 유무 등 제반 사정을 종합적으로 판단하되, 회사 업무의 운영 또는 주주 공동의 이익을 해치거나 주주가 회사의 경쟁자로서 취득한 정보를 경업에 이용할 우려가 있거나, 또는 회사에 지나치게 불리한 시기를 택하여 행사하는 경우 등에는 정당한 목적을 결하여 부당한 것이라고 본다(대법원 2014. 7. 21.자 2013마657 결정 등).

살펴본 바와 같이 M&A 거래에서는 이사회가 폭넓은 결정 권한을 보유하므로, M&A 거래의 진행사실에 대한 정보 확인의 목적을 위해서라도 주주측 지명 이사의 선임이 핵심적이다. 이처럼 행동주의 주주에 의해 선임된 이사는 회사의 정보를 주주와 공유하며 피드백을 받는 한편, 경영자를 모니터링하기 위한 정보를 주주로부터 받게 된다. 행동주의 주주는 해당 이사를 통해 해당 주주가 추구하는 경영전략을 회사에 촉구하게 된다.[35] Lazard 보고에 의하면 2013년부터 2019년까지 전세계적으로 837명의 이사들이 주주행동주의의 결과로 선임되었다.[36]

바. 기타

보유 지분을 빠르게 확대하거나 공매도를 통해 대상회사의 주가를 단기간에 변화시키는 것도 전형적인 행동주의 전략이다. 보유 지분 공시의무가 없는 5% 미만으로 지분을 유지하다가, 공격적 행동 개시와 동시에 대상 회사에 대한 상당한 영향력 행사가 가능하도록 지분을 빠른 속도로 증가시키는 방법이 사용된다. 엘리엇도 삼성물산 보유지분을 5% 미만으로 유지하다가 합병 직전에 삼성물산 주식을 대거 매집하여 최종적으로 7.12%까지 지분을 끌어올린 바 있다.[37] 주식회사 한진칼에 대하여 다양한 주주행동주의 전략을 구사하고 있는 KCGI 역시 2019년 한진칼에 대한 주주행동을 공식화한 이후 한진칼의 지분율을 15.98%에서 2020. 4. 1. 19.36%로 급격히 높였다.

35) 안수현, 앞의 논문(2020. 4.), 259면.
36) Lazard's Shareholder Advisory Group, 앞의 보고서(2020. 1.) 참조.
37) 정대익, 앞의 논문, 249면.

5. 주주행동주의와 M&A 사례

가. M&A를 요구한 사례 - KB자산운용과 에스엠엔터테인먼트

KB자산운용 밸류운용본부(이하 'KB자산운용')는 2019. 6. 5. 주식회사 에스엠엔터테인먼트(이하 'SM')에 대하여 「에스엠, 본연의 가치로 돌아가는 길」이라는 제목의 주주 서한을 발송하였다.[38] KB자산운용은 2011년~2012년 SM의 고속성장기에 최대 11.5%까지 지분을 보유하였다가, 2019년 5월 기준 6.6%의 지분을 보유한 우호적 투자자이다. KB자산운용은 스튜어드십 코드 도입에 따라 SM에 대하여 신의성실의 의무를 다하기 위하여 의견을 제시하였는데, 그 중 M&A와 관련된 의견을 요약하면 다음과 같다.

SM의 불필요한 사업 영위

- SM은 SM USA(S. M. Entertainment USA, Inc.)를 통하여 S.M. Innovative Amusement LLC(해안가 호텔리조트 운영), Creative Space Development Property LLC(리조트, 와이너리 토지, 빌라 등을 소유하고 향후 레스토랑 사업을 기획), Creative Space Entertainment(여행업), Creative Space Innovation(와이너리 사업) 등을 영위하며 캘리포니아 지역에서 SM의 핵심 사업인 음악·광고·드라마와 무관한 와이너리, 리조트, 레스토랑 사업을 영위하고 있음.
- SM F&B는 청담동에 'SMT서울'이라는 레스토랑을 운영하고 있음. 자본금 120억 원 투하 이후, 6년 누적 211억 원의 순적자를 기록하고 있음. 2017년 일본에 설립한 SM F&B JAPAN은 누적 순적자 26억 원을 기록함.
- 엔터테인먼트 기업인 SM이 이런 류의 적자사업을 영위할 이유가 없음.

---

38) KB자산운용 스튜어드십 코드 항목, 주주서한 참조: http://www.kbam.co.kr/stewardShipCode/list/05

이수만 총괄이 SM을 통해 개인적 취향의 사업을 영위한다는 합리적 의심을 가지게 함.

- 이에 KB자산운용은 이사회에 대한 감시와 견제를 강화하기 위해 신규 사외이사 후보 추천을 계획함.

SM과 라이크기획의 합병 제안

- 1997년 이수만 총괄이 등록한 개인사업자(100% 지분) 라이크기획은 SM 가수들에게 프로듀싱을 해주고, SM으로부터 인세를 받고 있음(19년간 누적 965억 원). 라이크기획은 SM 매출액 6% 규모의 인세를 수령하며, 지난 3년 간의 평균 인세는 SM 영업이익의 46%에 달함. 이수만 총괄이 2015년 SM 이사회에서 사임하고, SM 지분율이 하락하는 과정에서 라이크기획의 인세 수취가 상승함.
- 이에 KB자산운용은 라이크기획과 SM의 합병을 제안함(합병할 경우 해당 자금이 이익으로 인식되어 기업가치가 높아짐).

이에 대하여 SM은 2019. 7. 31. (i) F&B 사업은 엔터테인먼트-F&B-관광-레저로 연결되는 MICE 사업 내지 Life Style 사업의 일환에서 추진되는 것이어서 중단기적인 투자와 인큐베이션이 필요하며, (ii) 프로듀싱이 차지하는 역할과 중요성을 투자자가 간과하고 있으며, 라이크기획이 법인이 아니므로 합병이 불가하다는 취지의 답변서를 발송하였다. 사실상 거부의 답변을 내놓은 셈이다.[39] 구체적인 실행방안이 부재한 답변서에 투자자들이 실망하여 주가가 전일 대비 약 10% 하락하기도 하였다.[40] KB자산운용이 SM으로부터 뚜렷한 변화를

---

[39] 2019년 6월 20일 공개된 1차 답변서에서 SM은 "구체적이고 실천 가능한 방안을 도출하기 위해 당사와 관련 계열회사 차원에서 복합·다각적인 검토가 필요한 점 등을 고려해 현실적으로 기간이 필요하다"는 입장을 담았다. 또 "각 세부항목들에 대해 구체적인 실행방안을 마련해 주주서한에 대한 답변 및 실행 계획에 대해 2019년 7월 31일까지 상세히 알려드리도록 하겠다"고 답변시한 연장을 요청하여 시장의 기대를 불러일으킨 바 있다.

[40] "에스엠, 구체적인 계획 없는 주주서한 답변서에 '급락'", 서울경제(2019. 8. 1.).

이끌어내지 못하면서 주주활동의 동력이 점차 약화되었으며, SM 지분율을 점차 줄여가는 추세이다.[41)

KB자산운용은 (i) 공개 주주서한의 방식을 통하여, (ii) 비록 그 내용이 구체적이지는 않지만 기업 내 사업부의 M&A를 요청하여 다른 주주들 및 시장의 지지를 호소한 사례였다. 그러나 SM은 KB자산운용의 요구를 수용하지 않았으며, KB자산운용 또한 그에 대하여 달리 대응하지 않음으로써 기업의 M&A로까지 나아가지는 못했다.

나. M&A를 저지하려고 한 사례 – 삼성물산과 제일모직 합병

미국계 헤지펀드 엘리엇은 삼성물산과 제일모직의 합병안에 대해 주주행동주의 전략을 구사하며 적극적으로 반대하였다. 엘리엇은 '합병을 계기로' 행동주의 전략을 구사한 것이다.

엘리엇은 삼성물산과 제일모직이 2015년 5월 26일 합병 결의를 발표한 다음 날(2015년 5월 27일) 삼성물산의 주주 자격으로 삼성물산의 낮은 가치평가 등 합병비율 산정을 문제삼으며 삼성물산 합병에 반대한다고 통보한 후 합병비율의 재산정을 요구하였다. 또한, 엘리엇은 11.02%의 삼성물산 지분을 가지고 있는 국민연금과 삼성SDI, 삼성화재 등 삼성 계열사에도 합병 반대에 동참을 요구하는 등 합병을 무산시키기 위한 일련의 활동을 개시하였다.

2015년 6월 9일에는 삼성물산을 상대로 합병 결정을 위한 주주총회 소집 통지 및 결의를 금지하는 가처분 신청을 하였으며, 삼성물산이 2015년 6월 10일 KCC에 자사주 899만주(전체 지분의 5.76%)를 매각한 것을 두고 "우호 지분 확보를 위한 불법적인 시도"라고 강하게 반발하며 2015년 6월 11일 삼성물산 자사주 매각 금지 가처분을 추가로 신청하였다. 한편, 2015년 6월 14일 엘리엇은 삼성물산 지분 7.12%(3대 주주) 취득 사실을 공시하고, 보유주식 현물배당 정관의 개정을 요구하는 주주제안서를 발송하였다. 엘리엇의 가처분신청은 상장회

---

41) "KB운용, 에스엠 '매도' vs 한국밸류, 엔터주 '승부수'", 더벨(2020. 4. 13.).

사 특례조항의 보유기간 충족 조건을 충족시키지 못한다는 이유로 각하되었다.[42]

  2015년 6월 18일 삼성물산 이사회는 엘리엇이 제안한 보유주식 현물배당 정관 개정 주주제안을 임시주주총회 안건으로 추가 확정하였다. 이에 따라 엘리엇은 주주총회에서의 우호 지분을 확보하기 위한 행동을 개시하였는데, 우선 2015년 6월 24일 삼성물산에 대해 주주명부와 이사회 회의록 열람 및 등사를 청구하여 주주명부를 확보한 후 당일 삼성물산 주주들에게 의결권 위임을 요청하며 인터넷에 합병 반대 의견을 공개하였다.[43] 해당 서한(Letter from Elliott Associates, L.P. to all other shareholders of Samsung C&T Corporation)에는 합병 비율의 불공정성 문제, 제일모직과 삼성물산의 합병 효과를 기대할 수 없다는 점, 양사 합병에 따라 순환 출자문제가 불거질 수 있다는 점 등이 거론되었다.

  2015년 6월 25일부터 삼성물산도 주주들에게 의결권 위임을 요청하면서 본격적인 위임장 쟁탈전이 시작되었다. 삼성물산은 엘리엇의 주주서한에 맞서 '뉴삼성물산'이라는 홈페이지를 개설하여 합병의 당위성을 강조하였다. 삼성물산은 양사의 합병 시너지를 통하여 건설, 상사, 패션, 식음ㆍ레저, 바이오 등 5대 사업 포트폴리오를 갖추게 될 것이며, 매출을 2014년 33조 6,000억 원에서 2020년 60조 원 수준으로 확대한다는 계획을 발표하였다.[44] 예컨대, 건설의 경우 삼성물산의 글로벌 엔지니어링ㆍ조달ㆍ시공 역량과 제일모직의 조경디자인 에너지 절감 등 특화된 경쟁력 결합을 통하여, 패션과 식음 부문은 상사 부문의 운영 경험과 인프라를 활용함으로써, 바이오의 경우 제일모직과 삼성물산이 각 46.3%, 4.9% 보유하고 있는 바이오로직스의 최대 지분권자 지위를 확보함으로써 합병 시너지를 내겠다는 등의 청사진을 제시하였다.

  반면, 2015년 7월 3일 세계 최대의 의결권 자문기관인 ISS(Institutional

---

42) 서울고등법원 2015. 7. 16. 자 2015라20485 결정 [총회소집통지 및 결의금지등 가처분] 및 서울고등법원 2015. 7. 16. 자 2015라20503 결정 [주식처분금지가처분].

43) 엘리엇이 당시 공개한 의견은 http://www.fairdealforsct.com/Shareholder/에 게시되어 있음.

44) ˝[뉴 삼성물산] 합병 후 5대 포트폴리오 공개⋯ 합병 시너지로 미래사업 주도˝, 이투데이(2015. 7. 20.)

Shareholder Services)는 삼성물산은 저평가되고 제일모직은 고평가되어 삼성물산 주주가치가 훼손되었다는 점, 합병의 시너지 효과가 불리한 합병 비율을 보상하기에 부족하다는 점을 들어 삼성물산과 합병 반대를 권고하였으며, 삼성물산은 이에 대하여 반박 자료를 배포하기도 하였다.[45]

법원은 2015년 7월 1일 엘리엇이 제기한 삼성물산 주주총회 소집통지 및 결의금지 가처분 신청을 기각하였으며, 엘리엇은 이에 대해 항고하였으나 향후 이 또한 기각되었다. 엘리엇이 2015년 7월 7일 신청한 삼성물산 자사주 매각금지 가처분 신청 기각에 대한 항고 또한 기각되었다. 2015년 7월 3일 국민연금은 삼성물산 주식을 추가 취득해 11.61% 보유 공시를 하였으며, 2015년 7월 10일 국민연금 투자위원회 합병 관련 내부회의에서 합병 찬성이 결정되었다. 결국 2015년 7월 17일 삼성물산 주주총회에서 69.5%의 찬성으로 합병안이 통과되기에 이르렀다. 이에 대하여 경제개혁연대에서는 국민연금공단에 의사결정 과정과 관련된 문서와 회의록에 대하여 정보공개를 청구하였으나, 국민연금에서는 해당 문서와 회의록은 비공개 정보에 해당한다며 공개를 거부하였다.[46]

엘리엇의 행동주의 시도들은 기업의 M&A를 저지하기 위한 목적에서 공개서한, 주식 매집, 위임장 경쟁, 법원에 대한 가처분 신청 등의 다양한 주주 행동전략을 활용한 대표적인 사례이다. 비록 국민연금의 찬성으로 엘리엇과 삼성물산 간의 경쟁이 일단락되기는 하였지만, 기업의 입장에서는 계열사 간 M&A 추진에 보다 신중을 기해야 한다는 교훈을 안겨 주기도 하였다.

6. 행동주의 주주들의 M&A 요구에 대한 회사의 대응방안

해외 헤지펀드, 사모펀드 행동주의 주주들의 행동 반경이 아시아로 확대되

---

45) "'ISS는 부정확한 정보', 삼성 조목조목 반박", 이투데이(2015. 7. 6.).
46) 이에 대하여 경제개혁연대는 정보공개거부처분 취소소송을 제기하였으나 기각되었다(서울행정법원 2015. 9. 19. 자 2015구합73217 판결).

는 추세이다. 뿐만 아니라, 스튜어드십 코드의 적용을 받는 기관투자자간 연대 내지 공적 연기금과의 연대 가능성을 고려하면, 행동주의 주주들의 영향력은 결코 미미하다고 보기 어렵다.[47] 규모가 큰 회사들은 행동주의 주주들의 M&A 요구를 향후 발생할 수 있는 리스크로 전제하고, 이에 대한 대응방안을 사전에 강구할 필요가 있다.

　행동주의 주주들이 기업 가치를 증대시키는 제안을 하고, 다른 주주들이 이에 동조할 경우 지배주주 또는 경영진(이사회)의 입장에서 볼 때 경쟁을 피하는 것이 비용을 줄이는 방안이 될 것이다. 행동주의 주주가 제안할 것으로 예상되는 사항에 관하여 이사회가 미리 조치하는 경우, 행동주의 주주의 대응이 적대적 M&A와 같은 극단적인 방향으로 나아가는 것을 미리 방지할 수도 있을 것이다. 따라서 행동주의 주주들이 회사의 경영방식, 전략 및 관행에 관하여 어떠한 입장을 가지는지 미리 예측하고, 만일 이미 수립한 전략이 주주들의 지지를 얻지 못할 경우 이를 수정할 필요가 있다. 2019년 주주행동주의의 활성화에 맞추어 기업들이 자발적으로 지배구조를 개선하는 모습들이 나타난 것이 그 예이다. SK와 BGF리테일, 오리온 등은 대표이사와 이사회 의장을 분리하는 내용의 정관 변경 안건을 주주총회에 올렸으며, 자산총액 2조 원 미만으로 감사위원회 도입 의무가 없는 농우바이오, 원익IPS, 한미사이언스 등은 감사위원회 설치를 위한 정관 변경 안을 상정하기도 하였다.[48]

　한편, 스튜어드십 코드는 주주와의 건설적인 대화를 강조하며, 곳곳에 대화, 관여, 소통 등의 다양한 표현을 사용하고 있다. 건설적인 대화는 주주 행동에서 매우 중요한 역할을 차지하며, 회사와 주주 간 신뢰를 쌓는 가장 중요한 전제 조건이 된다. 솔직하고 지속적인 대화를 통하여 주주 활동의 실효성이 담보될 뿐 아니라, 장기적으로 기업의 성장에도 기여할 수 있게 된다. 기업의 입장에서도 회사의 의사결정과 관련한 지지를 받기 위하여 주주들과의 대화를 활

---

47) 2019년 3월 기준 국민연금은 증시 전체 시가총액의 6.5%를 보유하고 있으며, 국민연금이 5% 이상 지분을 보유한 국내기업은 294곳, 10% 이상 지분을 보유한 기업은 90곳에 달한다. 장우영, "주주로서 기관투자자의 경영관여에 관한 비판적 고찰", 기업법연구 통권 33호(2019. 6.), 216면.
48) 안수현, 앞의 논문(2020. 4.), 264-265면.

용할 필요가 있다.

회사는 M&A와 관련하여 주주들에게 (1) M&A 대상(주식, 사업)에 대한 가치평가(외부 평가 기관의 평가 포함), (2) M&A를 통한 예상 시너지 효과, (3) 거래대금의 적정성에 대한 의견, (4) M&A 대상과 관련된 리스크(실사 결과 확인되는 우발채무 등), (5) M&A 계약에 따른 리스크(진술 및 보장, 손해배상 범위 등)를 적절히 공개할 필요가 있다. 아울러, M&A를 위한 자금 출처(차입의 경우 이로 인한 신용등급 변동 가능성, 담보 내역, 신주 발행의 경우 발행가격 산정 방법 및 투자자 선택 배경 등)에 관한 내용을 밝히는 것이 바람직할 것이다.

7. 나가며

일반적으로 M&A는 진행이 완료되고 나면 이에 대하여 사후적 조치를 취하기가 어렵다. M&A의 결과로 시장에서의 인수 회사 및 양도 회사의 기업 가치에 직접적인 영향이 발생하며, 사업의 일부를 구성하는 임직원들의 근로관계 및 해당 사업을 둘러싼 영업관계에도 변화가 일어난다. 통상 M&A 계약의 해제를 거래종결 전까지만 가능하도록 제한하는 이유다. 따라서 M&A와 관련된 주주행동은 대표소송 제기와 같이 사후적으로 책임을 묻는 방식으로 진행되기 어렵다. 또한, M&A가 이사회 결의를 요하는 방식으로 추진될 가능성이 높음에 따라 상법상 예정된 주주권 행사의 방식으로 행동주의가 발현되기도 어려울 것이다.

이러한 상황에서 결국 행동주의 주주는 M&A 관련 거래가 진행되기 이전 단계에, 비공식적인 방법으로 M&A 관련 의제를 회사에 제시하는 것이 불가피하다. M&A 거래의 특수성을 고려할 때, M&A와 관련된 주주행동주의는 다양한 스펙트럼의 비공식·공개적인 방식으로 진행될 가능성이 상당히 높은 것이다. 지배주주 및 경영진이 이와 같은 주주들의 사전적인 의사 표명에 얼마나 유의미한 대응을 하는지가 주주행동주의에 따라 발생 가능한 리스크 및 비용을 최소화하는 방안이 될 것이다.

　주주행동주의에 따른 M&A가 반드시 적대적 M&A를 의미하는 것은 아니다. 주주들이 기업 가치 제고를 위하여 회사의 M&A를 추진하거나 저지하는 것 또한 주주행동주의의 한 형태이다. M&A에 관한 의제를 제시하는 행동주의 주주들에 대해서 방어적인 태도로 일관하기 보다는, 이들과의 장기적인 신뢰관계를 형성하기 위한 노력에 집중할 필요가 있다.

참고문헌

1. 단행본

권기범, 기업구조조정법, 삼영사, 2011.

김화진, 사례로 보는 M&A의 역사와 전략, 더벨, 2019.

정준혁, M&A와 주주보호, 경인문화사, 2019.

2. 논문

김재두, "주주제안권제도에 관한 법적 검토", 금융법연구 제11권 제2호(2014. 8.).

강윤식, "주주제안 제도의 의의와 발전방안", CGS Report 2권 9호(2012. 5.).

안수현, "주주행동주의(Shareholder Activism)의 순기능 강화를 위한 몇 가지 논의", 경영법률 제30권 제3호(2020. 4.).

안수현, "주주활동의 최근 동향과 한국형 스튜어드십코드에의 시사점", 기업지배구조 리뷰 Vol. 85(2018. 1.).

장우영, "주주로서 기관투자자의 경영관여에 관한 비판적 고찰", 기업법연구 통권 33호(2019. 6.).

정대익, "주주행동주의의 법적 한계", 경영법률 27권 2호(2017. 1.).

최준선, "주주행동주의에 대한 대응방안", 기업법연구 제33권 3호(2019. 9.).

3. 신문기사

"[뉴 삼성물산] 합병 후 5대 포트폴리오 공개… "합병 시너지로 미래사업 주도"", 이투데이(2015. 7. 20.).

"대주주 문제점 '콕'…토종 행동주의 펀드 '공개편지 전략' 반향", 한겨레(2019. 6. 17).

"美 행동주의 펀드 "소니, 반도체 분사하라"", 한국경제(2019. 6. 14.).

"에스엠, 구체적인 계획 없는 주주서한 답변서에 '급락'", 서울경제(2019. 8. 1.).

"엘도라도發 '카지노 대격변'…시저스 엔터 87억弗에 인수", 서울경제(2019. 6. 24.).

"제록스, 350억 달러의 HP 인수 포기", IT 데일리(2020. 4. 1.).

"기업사냥꾼? 가치 제고?… 불 붙는 韓 주주행동주의", 아시아경제(2019. 1. 12.).

"AT&T 흔드는 엘리엇…전방위 경영간섭 포문", TEXAS 한국일보(2019. 9. 11.).

"'ISS는 부정확한 정보', 삼성 조목조목 반박", 이투데이(2015. 7. 6.).

"Renault board stalls decision on €33bn FCA merger", Financial Times(2019. 6. 4.).

"Starboard joins opposition to Bristol−Myers' $74 billion Celgene deal", Reuters (2019. 2. 28.).

4. 기타

김선민, "P&G vs Train의 위임장 대결 및 시사점", KCGS 리포트 8권 4호(2018).

이수원·정한욱, "2019 주주총회 리뷰−기관투자자의 주주관여 현황과 시사점", 한국 기업지배구조원(2019. 4. 24.).

"Shareholder Activism in 2019", Activist Insight(2020. 1.).

"2019 Review of Shareholder Activism", Lazard's Shareholder Advisory Group(2020. 1.).

"Review of Shareholder Activism − Q3 2020", Lazard's Shareholder Advisory Group (2020. 10.).

주주행동주의적 관점에서 일어날 수 있는
가처분, 소송들의 형태와 주요·쟁점, 판례들

김동아

파트너 변호사. 서울대학교 법학전문대학원 겸임교수. 대한상사중재원 중재인. 1998년부터 21년간 서울중앙지법, 서울고등법원 판사, 대법원 재판연구관을 거쳐 서울남부지방법원 부장판사를 마지막으로 법무법인(유) 지평에 합류하여 형사, 회사, 자본시장법, 금융, 보험 분야에서 활동하고 있다.

이유진

변호사. 고려대학교 법학전문대학원 박사과정. 법무법인(유) 지평에서 기업일반·국제거래, 준법·윤리·인권경영, IPO·자본시장, 사모펀드·PE, 금융규제·금융회사 자문업무를 수행하고 있다.

주주행동주의적 관점에서 일어날 수 있는 가처분, 소송들의 형태와 주요·쟁점, 판례들

1. 주주행동주의적 관점에서 일어날 수 있는 가처분, 소송들의 형태

가. 가처분 신청 및 소송 제기의 형태와 근거

• 권리의 성질에 따라 분류한 대표적인 상법상 주주의 권리 및 행사요건[1]

분류	주주권의 내용 (추가 필요) 및 행사 방식	주주권의 행사 요건				
		비상장회사		상장회사 (상법 제542조의6)		
		보유 기간	지분 비율	보유 기간	지분 비율	비고 (자산 총액 1천 억 원 이상)
감시 기능	총회검사인선임청구권(상법 제367조 제2항) → 행사 방식: 검사인선임청구의 소	불요	1%	–	–	–
	정관, 주주총회의 의사록, 주주명부, 사채원부 열람권(상법 제396조) → 행사 방식: 회사에 대하여 정관, 주주총회의 의사록, 주주명부, 사채원부 열람, 등사 청구, 불응시 서류열람등사청구의소	주주와 회사채권자				

구분	권리 내용					
	회계장부열람권(상법 제466조) → 행사 방식: 회사에 대하여 회계장부 열람, 등사 청구, 불응시 회계장부열람등사청구의소	불요	3%	6월	0.1%	0.05%
	회사의 업무 및 재산상태 조사를 위한 검사인선임청구권(상법 제467조 제1항) → 행사 방식: 검사인선임청구	불요	3%	6월	1.5%	–
정책 제안 및 실현 기능	주주제안권(상법 제363조의2) → 행사 방식: 이사에 대하여 서면 또는 전자문서로 주주총회 목적사항 제안, 불응시 법원에 대한 의안상정 가처분 신청	불요	3%	6월	1%	0.05%
	주주총회소집청구권(상법 제366조) → 행사 방식: 주주총회소집허가신청	불요	3%	6월	1.5%	–
	주주총회 결의 취소, 무효 및 부존재확인의 소 (상법 제376조, 제380조) → 행사 방식: 주주총회결의취소의소 등	–	–	–	–	–
	부당결의 취소, 변경의 소(상법 제381조) → 행사 방식: 부당결의취소의소 등	의결권을 행사하지 못하였고, 행사하였을 경우 결의를 저지할 수 있었던 주주				
	집중투표청구권(상법 제382조의2) → 행사 방식: 회사에 대하여 서면 또는 전자문서로 집중투표 방법에 의한 이사선임 청구, 불응시 법원에 의안상정 가처분 신청 등	불요	–	불요	1% (자산 총액 2조 원 이상)	–
책임 추궁 기능	이사 해임청구권(상법 제385조 제2항) → 행사 방식: 법원에 이사의 해임을 청구하는 소의 제기 등	불요	3%	6월	0.5	0.25%
	이사의 위법행위 유지청구권(상법 제402조) → 행사 방식: 이사에 대하여 위법행위 유지 청구, 불응시 법원에 위법행위 유지 가처분 신청 등	불요	1%	6월	0.05%	0.025%
	대표소송권(상법 제403조) → 행사 방식: 회사에 대하여 이사에 대한 손해배상 소제기 청구 및 법원에 직접 소제기 등	불요	1%	6월	0.01%	–

	다중대표소송권(상법 제406조의2) → 행사 방식: 회사에 대하여 이사에 대한 손해배상 소제기 청구 및 법원에 직접 소제기 등	불요	1%	6월	0.5%	-
	직무집행정지, 직무대행자선임 청구권(상법 제407조) → 행사 방식: 법원에 회사에 대한 이사의 직무집행정지, 직무대행자 선임 가처분 신청 등	이사선임결의의 무효나 취소 또는 이사해임의 소를 제기한 주주				
	이익공여주주에 대한 이익반환청구권(상법 제467조의2 제4항) → 행사 방식: 법원에 회사로부터 이익을 공여받은 자에 대한 이익 반환 청구의 소 제기 등	불요	1%	6월	0.01	-
재산적 권리 실현 기능	소수주주의 매수청구권(상법 제360조의25) → 행사 방식: 지배주주에게 주식의 매수 청구. 30일 이내에 협의 불이행시 법원에 주식매수가액결정신청 등	불요	5% 이하	-	-	-
	소수주주의 매수청구권(상법 제374조의2) → 행사 방식: 회사에 서면으로 주식의 매수 청구. 30일 이내에 협의 불이행시 법원에 주식매수가액결정신청 등	불요	5% 이하	-	-	-
	신주, 전환사채 발행유지 청구 또는 무효의 소 (상법 제424조, 제429조) → 행사 방식: 법원에 신주발행무효의 소 제기 등	유지 청구: 불이익의 우려가 있는 주주 무효의 소: 주주·이사 또는 감사				
	회사해산청구권(상법 제520조) → 행사 방식: 법원에 회사 해산 청구의 소 제기 등	불요	10%	-	-	-
	합병 무효의 소(상법 제529조) → 행사 방식: 법원에 합병 무효의 소 제기 등	회사의 주주·이사·감사·청산인·파산관재인 또는 합병을 승인하지 아니한 채권자				

---

1) 서완석, "주주행동주의의 문제점과 대처방안", 성균관법학 제26권 제1호(2014. 3.), 226면 참조.

• 행사 방식에 따라 분류한 주주의 권리 행사 수단

회사에 대한 권리 행사 방식	주주제안(상법 제363조의2) 소수주주의 매수청구(상법 제374조의2) 집중투표청구(상법 제382조의2) 회사에 대한 정관, 주총 의사록, 주주명부, 사채원부 열람, 등사 청구(상법 제396조) 이사의 위법행위 유지청구(상법 제402조) 이사에 대한 손해배상 소제기 청구(상법 제403조 제1항) 자회사 이사에 대한 손해배상 소제기 청구(상법 제406조의2 제1항) 회사에 대한 회계장부 열람, 등사 청구(상법 제466조)	
법원에 대한 권리 행사 방식	소송 · 비송 사건	주주총회소집청구(상법 제366조) 총회검사인선임청구(상법 제367조 제2항) 주식매수청구에 대한 가액결정신청(상법 제374조의2) 주주총회 결의 취소, 무효 및 부존재확인의 소(상법 제376조, 제380조) 부당결의 취소, 변경의 소(상법 제381조) 이사 해임청구(상법 제385조 제2항) 위법행위유지 청구(상법 제402조) 이사에 대한 손해배상 청구(주주대표소송, 상법 제403조 제3항) 자회사 이사에 대한 손해배상 청구(다중대표소송, 상법 제406조의2 제2항) 신주, 전환사채 발행유지 청구 또는 무효의 소(상법 제424조, 제429조) 회사의 업무 및 재산상태 조사를 위한 검사인선임청구(상법 제467조 제1항) 이익공여주주에 대한 이익반환청구(상법 제467조의2 제4항) 회사해산청구(상법 제520조) 합병 무효의 소(상법 제529조) 이하 민사소송법 제250조, 제251조에 따른 확인 및 이행청구의 소 이사회 결의 효력 부존재 또는 무효의 소(민사소송법 제250조) 주주권 확인의 소(상법 336조, 민사소송법 제250조) 주식명의개서절차이행 청구의 소(상법 제337조, 민사소송법 제251조) 주권 발행 청구(상법 제335조, 민사소송법 제251조)
	집행 신청	직무집행정지, 직무대행자선임 가처분(상법 제407조) 이하 민사집행법 제300조에 따른 가처분 신청 의결권행사금지(허용) 가처분(피보전권리: 상법 제337조 명의개서청구권 등) 의제상정 가처분(피보전권리: 상법 제363조2 주주제안권 등) 임시주주총회허가 가처분(피보전권리: 상법 제366조 주주총회소집청구권 등) 주주총회개최금지 가처분(피보전권리: 상법 제380조 결의무효확인청구권 등) 주주총회결의효력정지 가처분(피보전권리: 상법 제380조 결의무효확인청구권 등) 이사위법행위유지 가처분(피보전권리: 상법 제402조 위법행위유지청구권 등) 겸직금지 가처분(피보전권리: 상법 제402조 위법행위유지청구권 등) 신주발행금지 가처분(피보전권리: 상법 제424조 신주발행유지청구권 등) 신주발행효력정지 가처분(피보전권리: 상법 제429조 신주발행무효청구권 등)

나. 주주행동의 실제 형태

• 최근까지의 주주행동주의 사례[2]

시기	행동주주	투자기업 (회사명)	요구사항	경영진 대응 및 진행 경과
1999	참여연대, 한국통신, 타이거펀드	SK텔레콤	부당이익 환수 경영진 교체 유상증자 반대	유상증자반대 제외한 요구 대부분 수용(부당이익 환원, 사외이사, 사외감사 선임) 타이거펀드 지분 고가 매입
2003	소버린운용	SK㈜	경영진 교체 부실계열사 지원반대 지배구조개선	지배구조 개선방안 발표 채권단, 협력사 통해 우호 지분 확보
2004	헤르메스	삼성물산	삼성전자 지분매각 삼성카드 증자불참	삼성카드 증자 삼성SDI의 물산 지분 추가 매입
2006	칼 아이칸	KT&G	자사주 매입 배당 확대	요구사항 대부분 수용
2006	지배구조펀드	대한화섬	지주회사 체제 전환	지배구조 개선 합의
2006	지배구조펀드	크라운제과	경영진 교체	지배구조 개선 합의
2015	엘리엇	삼성물산	삼성물산, 제일모직 합병 반대 정관 변경	우호 주주에 자사주 매각 의결권 위임 통한 우호 지분 확보
2016	SC펀더멘털	GS홈쇼핑	현금배당 2배 확대 자사주 10% 매입	주주제안 자격 미달 사실 확인
2019	KCGI	한진칼	지배구조 개선 부지 매각, 기업가치 제고 이해관계자 협의체 조직 등 사회적 신뢰 제고 검사인 선임 소송 제기	[경영진 대응] 선제적 배당 증가 (3.1→)50%) 사외이사 추가 선임 감사위원회 설치 등 내부통제 강화

---

2) 정대익, "주주행동주의의 법적 한계", 경영법률 제27권제2호(2017. 1.), 243면 참조.

				[진행 경과] 검사인 선임 신청. 의안상정 가처분 신청 취하. 지배구조 개선 요구 진행 중.
2019	국민연금		이사 자격 강화 정관 변경 (주주제안)	[경영진 대응] 선제적 배당 증가 (3.1→50%) 사외이사 추가 선임 감사위원회 설치 등 내부통제 강화 [진행 경과] 정관 변경안은 부결 (반대 49.29%)
2019	국민연금	대한항공	경영참여 주주권 행사 선포 (기존 지분율 10% 미만이 므로 보유목적 공시 10%룰 이슈로 경영 참여 불가 조양호 회장 연임 반대	조양호 회장 대표이사직 사임 (미등기 임원 회장직 유지)

• 주주대표소송 현황(원고가 승소/일부승소 한 경우)[3]

최근까지 주주대표소송(상법 제403조 제1항) 형태로 발현된 주요 사례들의 내용과 손해인정금액, 인용금액은 다음과 같다. 대부분은 이사의 주의의무 해태 여부와 경영판단원칙의 판단, 이사의 주의의무 해태와 손해 발생 사이의 인과관계를 다투는 사건이다. 이 중 쟁점과 인용금액에 따라 중요도가 높다고 판단되는 제일은행, 삼성전자, 셀트리온제약, 제일모직, 한화투자증권의 관련 판결을 기준으로, 아래 주요 쟁점 및 판례 부분에서 소수주주권 행사 요건과 관련된 실무상의 주요 쟁점과 각 사건의 사실관계에 대하여 추가로 다루겠다.

---

3) 이승희, "1997~2017 주주대표소송 제기 현황과 판결 분석", 경제개혁연구소 경제개혁리포트 2018-3호(2018. 3.), 15면 참조.

1) 주식회사 제일은행(상장회사) [대법원 2002. 3. 15. 선고 2000다 9086 판결]

소가: 10억(제일은행 사건은 1심에서 원고들이 청구한 400억 원이 전부 인용되었으나, 2심 진행 중 원고들은 주식감자로 당사자 적격을 상실하였고 보조참가를 한 회사(제일은행)가 10억 원만 청구하여 전부 인용됨.)

A. 원고의 주장

적법요건(당사자적격)과 관련하여, 금융감독위원회 자본금감소명령과 같은 행정처분에 의하여 강제로 주식이 소각되어 주식을 보유하지 않게 된 경우에는, 자발적으로 보유주식을 처분하여 소송을 유지할 의사를 철회한 경우와 달라, 상법 제403조 제5항의 규정에도 불구 변론종결 전까지 주식을 보유하는 것으로 보아야 하므로 당사자적격이 있다. 따라서, 부실여신제공결정을 이사회 결의로 승인한 이사들은 은행이 입은 손해를 배상할 책임이 있다.

B. 피고의 주장

본안전항변으로서, 원고가 증권거래법상 주식 보유 요건(발행주식 총수 10,000분의 1 이상을 보유)을 흠결하였으므로 부적법한 소제기이다. 또한, 상법 제403조 상 회사에 대한 제소청구 후 30일 경과 기간을 준수하지 않았으므로 부적법한 소제기이다. 더하여, 항소심 계속 중 원고들이 주식을 보유하지 아니하게 되어 당사자적격을 상실하였다. 상법 제404조 제1항의 참가는 공동소송적 보조참가이고 공동소송참가가 아니므로 피참가인인 원고들의 소가 당사자적격 상실로 부적법하게 된 이상 회사의 참가는 공동소송적 보조참가로서 부적법하다.

본안 항변으로서, 법령이나 정관을 위반하거나 임무를 해태한 사실이 없고, 경영자로서 최선이라는 판단하에 여신을 제공하였으므로 이사들이 손해를 배상하여야 할 책임이 없다.

C. 법원의 판단

본안전항변과 관련하여, 제1심 변론종결 당시 원고 주주들이 발행주식 총수 10,000분의 1 이상을 보유하고 있으므로 대표소송 제기 자격이 있다. 또한, 소수주주가 비록 제소 전날 서면으로 회사에게 제소요구하였더라도 그 후 30일이 지나도록 회사가 대표소송에 참가하는 등 제소의사를 표명하지 않았으므로 기간 불준수의 하자는 치유되었다. 상법 제403조 제5항은 적용의 예외를 인정하지 않음이 법문상 명백하므로, 강제적으로 소각된 경우라 할지라도 소 제기 후 주식을 1주도 보유하지 않게 된 원고 주주들은 당사자적격을 상실한다. 상법 제404조 제1항에서 규정하는 회사의 참가는 공동소송참가를 의미하는 것으로 해석함이 타당하고, 종국적으로 원고가 주주요건을 유지하지 못했더라도 회사의 참가시점에서는 적법하였다면 공동소송참가도 적법하다.

본안 판단으로서, 은행의 이사는 일반 주식회사 이사의 선관의무에서 더 나아가 은행의 그 공공적 성격에 걸맞는 내용의 선관의무까지 요구되므로 손해배상책임이 인정된다.

2) 대선주조 주식회사 [부산고등법원 2005. 8. 8. 선고 2004나6757 판결]

소가: 131,775,200,148원

A. 원고의 주장

임원인 피고들이 임무에 위배하여 부정한 행위를 하여 회사에 피해를 입혔으므로 이사 해임과 주주대표소송으로서 다음과 같이 회사에 대한 손해배상을 구한다. 구체적으로, 피고들은 직무 관련 부정행위를 하여 해임사유가 존재한다(상법 제385조 제2항, 제 415조). 또한, 이사 및 감사인 피고들은 선관주의의무 및 충실의무를 위반하여 회사에 대하여 연대하여 손해를 배상할 책임이 있다(제382조 제2항, 제3항, 제399조 제1항, 제2항, 제414조 제1항, 제415조).

B. 피고의 주장

본안전항변으로서, 원고의 소제기는 정당한 주주권의 행사가 아니라 순전히 원고들의 개인적인 이익을 추구하기 위하여 주주 권한을 악용(남용)하는 것이므로 부적법하다. 또한, 이사·감사 해임의 소 계속 중 당해 이사·감사가 임기만료로 퇴임하거나 사임하였다가 주주총회에서 다시 이사·감사로 선임된 경우, 해임의 소는 소의 이익을 잃게 되므로 해임청구의 소는 부적법하다.

본안 항변으로서, 문제가 되는 행위는 회계기준에 따라 회수불능으로 확인하여 대손상각한 것이어서 회계원칙에 부합하는 적법한 회계처리이다. 주주 겸 회장인 피고에 대한 강제집행은 이미 세무서 및 금융기관 등에서 자산가치를 초과하는 압류 및 가압류 등의 집행을 마친 후였기 때문에 권리보전의 실익이 없다. 주주 겸 회장인 피고에 대한 상담역으로 선임하여 급료 등을 제공하는 행위는 경쟁력 제고를 위해 필요한 상황이었으므로 부정한 행위가 아니다.

C. 법원의 판단

본안전항변 판단으로서, 법률상 요건을 갖춘 이상 다른 목적을 위한 수단으로 활용되는 면이 있더라도 소 제기 자체가 부적법하지 않는다. 이사·감사 해임의 소 계속 중 당해 이사·감사가 임기만료로 퇴임하거나 사임하였다가 주주총회에서 다시 이사·감사로 선임된 경우에도 해임의 소 제도를 둔 입법취지에 따라 소의 이익은 여전히 유지된다.

본안 판단으로서, 대손상각 처리는 채권 회수를 위한 최선의 노력을 다한 후에 된 것으로 볼 수 없고, 가압류를 후순위로 하더라도 채권 비율대로 안분 배당받을 수 있으므로 피고 주장은 이유 없다. 주주 겸 회장인 피고에게 이러한 상황에서 경영에 관여하게 하는 것은 정당화 될 수 없다. 따라서 임원해임청구는 모두 이유 있고, 피고들의 손해배상책임도 인정된다.[4]

---

4) 다만, 항소심 계속 중 원고들이 피고들에 대한 소를 전부 취하. 원고들이 주식을 모두 매도한 점, 새로운 주주 등과 사이에서 소 취하를 합의한 점, 다른 주주들이 소 취하에 이의가 없고 소 제기할 의사가 없음이 명백한 사정 등에 비추어 원고들과 피고들 사이 통모에 의한 소 취하가 아니므로 소

3) 삼성전자 주식회사(상장회사) [대법원 2005. 10. 28. 선고 2003다 69638 판결]

소가: 190억 원

A. 원고의 주장

회사 자금으로 뇌물을 공여한 것은 법령에 위반된 행위로서 회사에 대한 손해배상 책임이 있다. 피고들은 이사로서의 임무를 해태하여 아래 주식 매입 결의, 각 출자결의 및 각 지급보증 결의에 찬성함으로써 선관주의의무를 위반 하여 회사로 하여금 손실을 입게 하고, 회장인 피고는 이사회에 불참하는 등 감시의무를 게을리하였으므로 회사에 대한 손해배상 책임이 있다.

L전기 주식회사에 대한 출자행위와 관련하여, 피고들은 회사의 지배주주 자격 유지, 재산보전처분명령을 받아 채무재조정을 위한 법적 절차를 밟게 하 는 등의 조치를 취하지 않고 지급보증 및 출자를 하는 결의를 하였다. 중앙일 보, K물산과 K중공업의 내부거래 행위 및 K종합화학 인수 및 매각과 관련하 여, 피고들이 회사의 거래를 부당하게 고가 또는 저가로 진행하였다. 따라서 피 고들은 이사의 선관주의의무 내지 충실의무를 위반하여 회사에 대하여 손해배 상 책임이 있다.

B. 피고의 주장

뇌물 공여와 관련하여, 대통령의 뇌물 요구에 대하여 피고들의 회피 가능 성이 없었다. 매입결의, 출자결의 및 지급보증결의의 관련하여, 법령이나 정관 을 위반하거나 임무를 해태한 사실이 없다. 이는 합리적 경영판단에 의한 것이 므로 판단이 결과적으로 잘못된 것이었고 회사에 손해를 입게 하였다 하더라도 피고들에게 손해를 부담시킬 수는 없다.

K종합화학의 주식매각과 관련하여, 주식을 액면가로 인수하였고 최대주주

취하가 허가됨.

로서 자본건전성을 확보하기 위한 불가피한 조치였으며, 이후 상속세법시행령에 따른 비상장주식의 평가방법을 통해 K종합화학의 외부감사인이던 Q회계법인의 평가를 거쳐 매각을 하였다. 이는 합리적 경영판단에 따른 것일 뿐, 이사로서 법령이나 정관을 위반하거나 임무를 해태한 사실이 없다.

C. 법원의 판단

뇌물 공여와 관련하여, 법령위반행위는 그 자체가 회사에 대한 채무불이행이고 경영판단의 원칙이 적용될 여지가 없다. 따라서 회사 자금의 뇌물공여 행위는 법령에 위반된 행위로서 뇌물액 상당의 손해배상 책임이 있다. 다만, 본건에서는 10년의 시효 완성으로 소멸되었다.

L전기 출자행위 등과 관련하여, 이는 경영판단의 재량권 범위 내에 있는 행위이다. 지급보증 및 출자 결의도 합리적인 판단범위 내에 속한다.

K종합화학의 주식매각 등과 관련하여, 당시 적정 매각방법이나 거래가액에 관하여 전문가에게 조언을 구하지 않고, 지배주주 지위를 잃는 데에 따른 득실이나 적절한 거래가액, 매출액, 순손실액의 규모 등 경영상태 개선과 관련하여 고려하지 않았다. 따라서 합리적인 정보를 가지고 회사의 최대의 이익이 되도록 결정하였다고 보기 어렵고, 매매가격도 당시의 주당 순자산가치와 비교할 때 현저히 불합리하여 상당성도 인정되지 않는다. 따라서 선량한 관리자의 주의의무를 다하였다고 볼 수 없다. 상속세법시행령만에 근거하여 주식 가치를 평가하여 거래가액을 결정한 것은 회사의 손해를 묵인 내지 감수하였던 것이므로, 상법 제450조에 의하여 책임이 해제될 수 없는 부정행위이다. 따라서 회사에 대하여 손해배상 책임을 진다.

4) 주식회사 셀트리온제약(상장회사) [서울고등법원 2011. 12. 23. 선고 2011나29330 판결]

소가: 1,937,978,137원

A. 원고의 주장

피고들은 업무집행지시자, 등기 이사 등으로 적절한 담보를 제공받는 등 채권회수를 위한 조치를 취하지 않은 채 50억 원을 대여한 행위로 인하여 회사에 대해 손해배상 책임이 있다.

B. 피고의 주장

피고 C, D(업무집행지시자)는 대여와 관련하여 업무를 집행하지 않았고, 손해를 예측할 수 없었으므로 손해배상 책임이 없다. 피고 E, F(이사)는 사임서를 이미 제출한 상황이었고, 대여에 관여하지 않았으므로 손해배상 책임이 없다.

C. 법원의 판단

피고 C, D는 회사 자금 집행에 대해 실질적 업무를 집행하였고 대주주로서 영향력을 이용해 이사에게 업무집행을 지시할 수 있는 지위에 있었으므로 상법 제410조의2 제1항 제1호 및 제3호에 해당하는 자이고, 대여행위를 위해 송금하는 업무를 집행하도록 하였으므로 손해배상 책임이 있다(상법 제410조의2 제1항 및 제3호, 제399조 제1항). 피고 E, F는 이사회 결의를 하고 직접 송금을 하는 등 공모사실이 인정된다. 따라서 회사에 대하여 손해배상 책임을 진다.

5) 제일모직 주식회사(상장회사) [대구고등법원 2012. 8. 22. 선고 2011나2372 판결]

　소가: 13,049,785,516원

　A. 원고의 주장

　회장인 피고의 지시를 받은 삼성그룹 비서실이 에버랜드로 하여금 전환사채를 실질가치에 비해 현저히 저렴하게 발행하도록 하는 한편, 제일모직 경영진인 피고 등에게 배정된 전환사채의 인수를 포기하도록 하였다. 제일모직 이사인 피고들의 법령위반 또는 임무해태행위로 인하여, 에버랜드의 주주인 제일모직이, 전환사채의 발행 전에 보유하고 있던 에버랜드 주식 가치가 하락하는 손해를 입게 되었으므로 피고들은 제399조에 따라 제일모직에 위 손해를 배상할 책임이 있다.

　B. 피고의 주장

　이는 합리적 경영판단에 따른 것일 뿐, 이사로서 법령이나 정관을 위반하거나 임무를 해태한 사실이 없다.

　C. 법원의 판단

　법령위반 행위는 그 자체로 회사에 대한 채무불이행이 되는 것이고, 경영판단 원칙은 적용될 여지가 없다. 따라서 회사에 대하여 손해배상 책임을 진다.

6) 한화투자증권 주식회사(상장회사) [서울고등법원 2016. 6. 2. 선고 2015나2042559 판결]

소가: 507,022,360원

A. 원고의 주장

회사의 콜 옵션을 타회사에 무상 양도한 것은 회사에 손해를 발생시키는 행위이다. 피고들은 업무집행지시자, 이사 및 대표이사로서 콜옵션 양도대금을 적정하게 산정하여 대금을 받을 업무상 임무를 해태하였다. 따라서, 피고들은 회사에 대하여 손해를 배상할 책임이 있다.

B. 피고의 주장

업무집행지시자인 피고 B의 경우, 주식 등 양도계약에 참여하거나, 콜옵션 무상양도를 지시한 사실이 없다. 또한, 회사는 주식 등 양도계약을 통하여 전체적으로 양도차익을 실현하였으므로 콜옵션 양도행위만 따로 평가하여 회사에게 손해를 입혔다고 볼 수 없고, 콜옵션에 상응하여 각종 의무가 이전되어 무상 양도라고 볼 수도 없다.

C. 법원의 판단

업무집행지시자는 그가 지시하거나 집행한 업무에 관하여 이사와 동일하게 회사 및 제3자에 대하여 책임을 지고, 실제로 개별 업무에 관여하였는지와 무관하게 지위 자체만으로 손해배상 책임을 지는 것은 아니다. 피고가 콜옵션 무상양도를 지시한 사실을 인정할 증거가 없다.

나머지 피고들의 경우, 양도대금이 적절하게 산정되도록 할 업무상 임무가 있었음에도 이를 해태하여, 회사가 보유한 콜옵션이 무상으로 양도되는 손해가 발생한 책임을 배상할 책임이 있다. 콜옵션의 양도에 상응하거나 무상양도를 정당화 할 정도의 의무를 이전하였다고 보기도 어려워 피고들 주장은 이유 없다. 다만, 이사가 제399조상의 손해배상 책임을 지는 경우 당해 사업의 내용과 성격, 이사의 임무위반 경위 및 태양, 손해발생 및 확대에 관여된 객관적 사정이나 정도, 평소 이사의 회사에 대한 공헌도 등을 참작하여 손해배상액을 제한할 수 있다.

2. 소송 전 주주권 행사에 대한 대응 관련 실무상의 주요 쟁점 및 사례

가. 소송 전 주주권 행사 요건 충족 여부

소송 전 주주권 행사를 함에 있어서, 주주권을 행사할 수 있는 주주에 해당하는지가 빈번히 문제된다. 소수주주권 행사 요건은, (i) 지분율에 관계없이 주주와 회사채권자이기만 하면 행사할 수 있는 정관, 주주총회의 의사록, 주주명부, 사채원부 열람권(상법 제396조), (ii) 부당결의 취소, 변경의 소(상법 제381조), (iii) 신주, 전환사채 발행유지 청구 또는 무효의 소(상법 제424조, 429조), (iv) '회사의 업무집행에 관하여 부정행위 또는 법령이나 정관에 위반한 중대한 사실이 있음을 의심할 사유가 있는 때' 청구가 가능한 회사의 업무, 재산상태의 검사인 선임 청구권(상법 제467조), (v) 합병 무효의 소(상법 제529조), (vi) 위법행위유지청구권(상법 제402조)과 회계장부열람권(상법 제466조) 등의 경우를 제외하고는, 대체로 지분 비율과 보유기간을 기준으로 정하여 진다. 이 중 (ii)~(v)의 경우에는 '불이익의 우려가 있는 주주' 등의 특별요건이 있어 법령의 해석이 필요하나, 소수주주권 행사방식이 법원에 대한 청구로 이루어지므로 회사 입장에서는 상대적으로 이를 판단하는 데 어려움이 없다.

다만 회사에 대하여 직접 행사하는 주주권임에도 불구하고, 지분 비율과 보유 기간에 더하여 특정한 요건을 갖추고 있어 주주권 행사 요건 충족 여부를 상법 규정 그 자체로 명확히 판단할 수 없는 경우가 있다. 예컨대, (i) '회사에 회복할 수 없는 손해가 생길 염려'가 있는 경우에 회사에 대하여 행사 가능한 위법행위유지청구권(상법 제402조), (ii) '이유를 붙인 서면'으로 회사에 대하여 청구하여야 하고, 회사가 '주주의 청구가 부당함을 증명'하는 경우 거부할 수 있는 주주의 회계장부열람권(상법 제466조) 등이다. 회사에 대하여 직접 행사하는 주주권의 경우, 법원에 청구하는 것이 아니기 때문에 특별요건에 대하여 회사가 직접 법령 해석을 통해 권리 행사를 받아들일지에 대하여 판단하여야 한다. 판단 기준이 법령에서 명확히 나타나지 않아 회사 입장에서는 권리 행사를 받아들여야 하는지 판단하기 어렵고, 실무적으로도 분쟁이 발생할 여지가 크다.

나. 주주행동주의의 전형적 전략[5]

• 이사회에 대한 서한 및 서한 공개, 캠페인 활동

주주 개인은 자유로이 이사회 앞으로 서한을 보낼 수 있고, 이러한 행위는 법률적으로 보아 문제가 없는 것으로서 행동주의주주가 즐겨 사용하는 방법이다. 이사회에 보낸 서한은 행동주의주주의 회사에 대한 공세 개시를 알리기 위해 공개되는 것이 일반적이다.

언론매체를 통한 캠페인(여론전)은 행동주의주주의 주요한 전략 중 하나이다. 이러한 캠페인에서 위 이사회에 대한 서한이나 아래 개인적 대화를 통해 이루어진 협의나 제안 등을 공개하는 것은 달리 당사자간에 비밀유지 약정(단, 비밀유지 약정 체결과 관련하여, 회사가 공개되지 않은 정보를 특정 주주에게 제공한 경우 다른 주주에게도 이를 공개하여야 할 의무가 있음에 유의) 등이 이루어지지 않은 한 허용된다.

이에 대한 자세한 논의는 「주주행동주의와 M&A」 목차의 「M&A와 관련된 주주행동주의 전략」 중 「여론·캠페인을 이용한 비공식 활동」 목차로 갈음한다.

---

5) 정대익, 앞의 논문, 246면 참조.

• 개인적 대화 요구

행동주의주주는 이사회에 보낸 서한에 개인적 대화(one-to-one dialog)를 요구하기도 한다. 이때 원칙적으로는, 이사회가 이러한 개인적 대화 요구에 응하더라도 주주평등의 원칙을 위반하는 것이 아니다. 주주평등의 원칙은 회사의 이익배당, 잔여재산분배, 의결권의 평등을 보장하고 있을 뿐, 이사회에게 모든 주주와 동일한 내용의 접촉을 할 의무를 부여하고 있는 것은 아니기 때문이다. 이에 대한 자세한 논의는 「주주행동주의와 M&A」 목차의 「M&A와 관련된 주주행동주의 전략」 중 「경영진과의 대화」 목차로 갈음한다.

• 의결권위임 권유

행동주의주주는 자유로이 다른 주주에게 의결권위임(proxy)을 권유할 수 있는데, 공개적인 의결권위임 권유는 행동주의주주의 목표달성을 위한 가장 효과적인 수단 중 하나이다. 통상적으로 의결권위임 권유는 위 캠페인과 같이 공개적으로 이루어지며, 주주명단 파악을 통한 개별 접촉이 이루어질 수도 있다. 행동주의주주가 주주명단을 파악하기 위해 회사에 대하여 주주명부열람등사청구권(상법 제396조 제2항)을 행사할 수 있으며 이 경우 회사는 정당한 이유 없이는 이를 거절할 수 없다. 이에 대한 자세한 논의는 「주주행동주의와 M&A」 목차의 「M&A와 관련된 주주행동주의 전략」 중 「의결권 대리행사를 통한 위임장 경쟁」 목차로 갈음한다.

• 빠른 지분 확대와 공매도

보유지분을 빠르게 확대하거나 공매도를 통해 대상회사의 주가를 단기간에 변화시키는 것도 전형적인 행동주의 전략이다. 통상적으로 이러한 전략은 단기간에 이익을 실현하는 것이 목적이나, 보다 낮은 가격으로 의결권 확보를 위하여 또는 특정한 주주 세력에 대항하기 위하여 지분을 매집하는 경우도 있다. 이는 보유지분 공시의무가 없는 5% 미만으로 지분을 유지하다가, 공격적 행동개시와 동시에 대상회사에 대한 상당한 영향력 행사가 가능하도록 지분을 빠른 속도로 증가시키는 전략이다. 이에 대한 자세한 논의는 「주주행동주의와 M&A」목차의 「M&A와 관련된 주주행동주의 전략」중 「기타」목차로 갈음한다.

다. 주요 사례

1) 1998~99년 타이거펀드, 한국통신, 참여연대의 SK텔레콤에 대한 주주권 행사 사례

다음은 주주행동주의의 전형적 전략 대부분을 확인할 수 있는 대표적인 사례인 타이거펀드, 한국통신, 참여연대의 SK텔레콤에 대한 주주권 행사 사례에 관한 설명이다.

요구사항	경영진 대응 및 진행 경과	진행된 소송
– 부당이익 환수 – 경영진 교체 – 유상증자 반대	– 유상증자반대 제외한 요구 대부분 수용 　(부당이익 환원, 사외이사, 사외감사 선임) – 타이거펀드 지분 고가 매입	– 신주발행금지 가처분신청 – 임시주주총회 소집허가신청 – 주주제안상정가처분신청

1998. 1. 21. 참여연대 경제민주화위원회는 '재벌개혁 촉구 및 98년 소액주주운동 계획 발표 기자회견'을 개최하고, 경영진 교체와 기업지배구조 개편 방안 마련 등을 요구하면서 삼성전자와 SK텔레콤에 대한 소액주주운동을 시작하였다. SK텔레콤과 관련한 안건은, 공정거래위원회의 1997. 12. 23.자 시정명령에서 나타난 부당거래행위에 대한 이익 환수와 관련된 것으로, 참여연대는 관할부처인 정보통신부에 시정조치를 요구하는 공식서한을 보내고 공정거래위원회에도 철저한 이행점검을 요구하는 공식서한을 발송하며, 신문광고를 통해 주주들을 모으고 한국통신 등 SK텔레콤의 기관투자자들에게도 협조를 요청하는 등의 방식으로 주주들을 모아 주주총회 참가, 대표소송 제기를 통해 소액주주

운동을 진행할 예정임을 밝혔다.6) 참여연대가 소액주주운동 기자회견에서 밝힌 소액주주운동의 구체적 목표는 다음과 같다. i) 내부거래를 통해 대한텔레콤과 선경유통으로 유출된 부당이익을 SK텔레콤 주주들에게 전액 환원할 것 ii) 최종현 회장은 경영일선에서 물러나고 부당내부거래와 관련된 SK텔레콤 경영진은 퇴진할 것 iii) 부당내부거래 방지를 위한 제도적 장치를 도입할 것.

이 당시 타이거펀드 역시 SK텔레콤에 대한 경영투명성 제고 및 주주권익 보호 방안 등의 요청을 하고 있었으며, 1998년 주총 전 타이거펀드와 SK텔레콤이 일부 합의를 이루어 내기도 했다. 다만 이는 참여연대의 소액주주운동과 무관한 내용의 합의로서, 참여연대측에서는 1998. 3. 21. SK텔레콤이 부당내부거래 사실을 부인함으로써 참여연대와 소액주주들이 제기한 부당내부거래 관련 임원의 해임과 부당이득의 환수 요구를 사실상 거부한 것이며, 한국통신에 대하여 전체 주주들의 이익에 부합하는 방향으로 의결권을 행사해 줄 것을 요청하였으며, 주주총회 및 이후 대표소송 등을 통해 그 책임을 철저히 물을 것이라는 입장을 발표하였다.7) 이후 1998. 3. 26. SK텔레콤은 SK텔레콤과 대한텔레콤과의 내부거래로 인해 발생한 이익과 관련하여 대한텔레콤의 대주주인 최태원 씨와 김준일 씨가 30만 주의 대한텔레콤 주식을 무상으로 SK텔레콤에 증여하고 국내외 주주의 추천에 따라 사외이사 3인을 선임하고 별도로 중립적인 인사 1인을 사외감사로 선임하는 등 참여연대의 제안을 수용하겠다는 취지의 의견을 밝혔다.8)

이후 1999. 6. 18. SK텔레콤의 해외 대주주인 미국의 헤지펀드 타이거펀드가 증자(1조 3,000억 원) 저지를 위한 임시주총 소집을 요구하였다. 타이거펀드측은 임시주총 소집을 요구하면서, SK텔레콤 유상증자 저지 의사뿐 아니라 유상증자를 추진하는 데에 가장 큰 책임이 있는 손길승 SK그룹 회장을 이사회에서 퇴임시키겠다는 의사를 밝혔으며, 액면가 5,000원인 SK텔레콤의 주식을 50분의

---

6) "재벌개혁 촉구 및 98년 소액주주운동 계획 발표 기자회견 보도자료", 참여연대(1998. 1. 21.).
7) "SK텔레콤-타이거펀드 간 합의는 참여연대와 무관합니다", 참여연대(1998. 3. 21.).
8) 김승환, "SK텔레콤-참여연대 「투명경영」합의…소액주주 권익운동결실", 동아일보(1998. 6. 27.).

1인 주당 100원으로 액면분할하도록 요구할 계획이라고 밝혔다. 이에 더하여, 타이거펀드는 사외이사인 밥 돌 미국 상원의원을 한국에 파견해 청와대 정보통신부 등에 SK텔레콤 증자가 이뤄지지 못하도록 전방위 압박을 시도하겠다는 의사를 밝혔다. 타이거펀드의 유상증자 반대는, 발행주식수 증가로 인한 주당 순이익 감소가 일어나면 주주들의 이익이 저해된다는 취지로, 자금의 용처도 시설투자가 아닌 경영권 확보를 위한 것이 아니냐는 공격이었다. 이와 반대로, SK텔레콤은 증자대금을 통화품질개선과 고속무선데이터사업에 투자하겠다며 오히려 타이거펀드가 SK텔레콤 주식을 유리한 가격에 용이하게 처분할 수 있도록 증자를 반대하고 액면분할을 요구하고 있다고 주장하였다.[9] 타이거펀드는 신주발행금지 가처분신청과 임시주주총회 소집허가신청을 하였으나, 법원은 신주발행금지 가처분신청을 기각하고, 임시주주총회 소집허가 신청을 각하하였다.

한편, 당시 SK텔레콤의 18.21%의 지분을 갖고 있던 한국통신은 1999. 6. 23. 유상증자 결정을 재고하고 증자물량을 축소하도록 요청하였다. 당초 한국통신은 외국투자자들의 압력을 이유로 이사회에서 유상증자를 반대한 바 있다. 이에 더하여, 한국통신은 이와 같은 요구가 받아들여지지 않을 경우 증자결정 무효화를 위한 소송을 내거나 8. 27. 열릴 예정인 SK텔레콤 주총에서 임원해임 결의안에 찬성할 방침이라는 의사를 밝혔다. 한국통신은 SK텔레콤의 유상증자가 대주주 이익을 위해 다수인 일반 주주의 이익을 희생시키게 되고, 현재 SK텔레콤에 막대한 규모의 증자가 필요하지 않은 상태일 뿐 아니라, 사외이사의 반대에도 불구하고 상임이사들만의 찬성으로 증자를 결정한 것은 사외이사 제도의 취지를 무시한 것이라고 주장하였다.[10]

참여연대는 1999. 7. 1. SK텔레콤 유상증자와 관련하여, SK텔레콤이 사외이사진 및 국내외 주주들의 반발을 무릅쓰고 기존 주주들에게 불이익을 주는 방식의 대규모 유상증자를 결의하였다는 의견을 표명하면서, 사외이사 수를 확대

---

9) 이용재, "[SK텔레콤 유상증자] 타이거펀드—SK 「정면충돌」", 동아일보(1999. 6. 19.).
10) 정건수, "한통도 SK텔레콤 증자에 '반기'… 타이거펀드에 동조", 한국경제(1999. 6. 23.).

하여 사외이사들이 보다 강한 견제력을 갖게 할 필요가 있다는 취지로, 사외이
사 추가선임을 안건으로 하는 주주제안을 하였다.[11] SK텔레콤은 주주제안을 바
로 수용하지 않았고 이에 1999. 7. 31. 참여연대가 주주제안상정가처분을 신청
하였으나, 이후 SK텔레콤측의 제안 수용으로 가처분 신청을 취하한 바 있다.[12]

이후 한국통신과 타이거펀드는 1999. 7. 27. SK텔레콤의 유상증자에 참여
하였다. 신주 발행 가격이 당시 SK텔레콤의 시장 가격인 129만 원보다 약 33만
원 이상 낮았기 때문이다. 그 이후, SK가 SK텔레콤의 주식 9.5%를 타이거펀드
로부터 매입하여 지분율 36.5%를 확보하면서, SK텔레콤의 지배구조를 견고화
하여 주주권 행사와 관련된 분쟁을 일단락하였다.[13] 이에 대하여 참여연대는
SK텔레콤이 사외이사들의 재고요청을 무시하고 유상증자를 강행한 데 이어 내
부지분율을 확대함으로써 SK그룹의 경영지배력을 강화한 것에 대하여 우려를
표하면서, 지속적인 감시를 게을리하지 않겠다는 입장을 표하였다. 또한, 참여
연대는 이후에도 타이거펀드의 그린 메일 행사 여부와 관련하여 공개질의를 하
였고, 이에 SK텔레콤은 타이거펀드측으로부터 주주권 행사를 매개로 특별한
재산상 이득이나 혜택요구는 없었다고 밝혔다.[14]

2) 2015년 엘리엇의 삼성물산에 대한 주주권 행사 사례

요구사항	경영진 대응 및 진행 경과	진행된 소송
– 삼성물산–제일모직 합병 반대 – 정관 변경	– 우호 주주에 자사주 매각 – 의결권 위임 통한 우호 지분 확보	– 주주명부열람등사 가처분신청 – 주주총회 소집통지 및 결의금지 가처분신청 – 이사의 위법행위 유지 청구 – 국민연금 정보공개 청구 – 국민연금 정보공개거부처분 취소소송

11) "SK텔레콤 임시주주총회에 사외이사 선임 안건 주주제안", 참여연대(1999. 7. 15.).
12) "SK텔레콤, 참여연대 주주제안 수용키로", 참여연대(1999. 8. 4.).
13) 이민호·주정완, "타이거펀드, SK텔레콤 주식 1조에 매각", 중앙일보(1999. 8. 24.).
14) "SK그룹의 SK 텔레콤 지분인수 관련 입장", 참여연대(1999. 8. 23.), "[성명] SK텔레콤은 그린메일
이었는지 흑색선전이었는지 더욱 분명하게 밝혀야", 참여연대(2003. 5. 22.).

이에 대한 자세한 논의는「주주행동주의와 M&A」목차의「주주행동주의와M&A사례」중「국내사례: M&A를 저지하려고 한 사례 – 삼성물산과 제일모직 합병」목차로 갈음한다.

3) 2019년 KCGI, 국민연금의 한진칼에 대한 주주권 행사 사례

요구사항	경영진 대응 및 진행 경과	진행된 소송
– 지배구조 개선 – 부지 매각을 통한 기업 가치 제고 – 이해관계자 협의체 조직 등 사회적 신뢰 제고 – 검사인 선임 소송 제기 – 이사 자격 강화 정관 변경(주주제안)	[경영진 대응] – 선제적 배당 증가(3.1 → 50%) – 사외이사 추가 선임 – 감사위원회 설치 등 내부통제 강화 [진행 경과] – 검사인 선임 신청. 의안상정 가처분 신청 취하. 지배구조 개선 요구 진행 중. – 정관 변경안은 부결(반대 49.29%)	– 주주명부열람등사 가처분신청 – 주주총회 의안상정 가처분신청 – 주주총회 검사인 선임 청구

2018. 11. 15. KCGI는 유한회사 그레이스홀딩스를 통하여 한진칼 지분 9.0%를 보유하고 있다고 공시하면서, 지배구조개선과 관련해 적극적으로 주주권을 행사할 것임을 천명하였다. 2019. 1. 21. KCGI는 '한진그룹의 신뢰회복을 위한 프로그램 5개년 계획'을 공개 제안하면서 한진칼과 한진 및 이들의 대주주측에 지배구조개선, 기업가치제고, 고객 만족도 개선 및 사회적 신뢰 제고 등 3가지 측면에서 투자사업 재검토, 신용등급 회복, 이해관계자들을 포함한 상설 협의체 조직 등을 요구하였다.[15] 2019. 1. 22. 경제개혁연대에서도 한진칼에 대하여 사외이사 선임, 정관개정, 보수지급 규정 개선 등을 요구하였다.

또한, KCGI는 2019. 1. 18. 주주명부 열람등사 가처분신청을, 같은 해 2. 21. 주주총회 의안상정 가처분신청을, 같은 해 3. 14. 검사인 선임 신청을 연달

---

15) 이형선, "KCGI, '한진그룹의 신뢰회복을 위한 프로그램 5개년 계획' 공개 제안", EBN(2019. 1. 21.).

아 제기하였다. 위 신청들은 모두 받아들여졌다. 다만 의안상정 가처분결정에 대하여는 이후 한진칼의 이의가 받아들여져 신청이 기각되었다.

한편, 국민연금은 2018. 7. 17. 국민연금 스튜어드십 코드 도입방안(안) 공청회를 열고, 국민연금기금 수탁자 책임에 관한 원칙(스튜어드십 코드) 도입방안을 의결하였다.[16] 다만, 2019. 1. 23. 국민연금 수탁자책임 전문위원회에서는 한진칼에 대한 주주권행사를 하지 않는 것으로 결론을 내렸으며, 이에 대하여 경제개혁연대에서는 국민연금 수탁자책임 전문위원회에 대하여 이와 같은 결정을 비판하며 스튜어드십 코드를 준수할 것을 촉구하였다.[17] 이후 2019. 2. 1. 국민연금 기금운용위원회 제2차 회의에서는 한진칼에 대한 경영참여 주주권행사로서 정관변경 주주제안을 하기로 결정하였으며, 이후 의결권 행사 방안 및 방향에 대하여 국민연금 내 수차례 회의를 거쳐 수탁자책임 전문위원회 제5차 회의에서 의결권을 직접 행사하기로 결정하였다.[18]

이러한 요구과정에서, 한진그룹은 2019. 2. 1. '비전 2023'을 공개하면서 배당 성향 확대, 그룹 IR 정기 개최를 통한 주주 소통 강화, 부지 매각을 통한 재무 구조 개선, 사외이사후보추천위원회 설치, 사외이사 추가 선임, 감사위원회 설치 등 내부통제 강화 등의 방안을 발표하였다.[19]

2019년 한진칼 주주총회의 주요 안건은 조양호 이사의 재선임 안건이었는데, 경제개혁연대와 기업지배구조원(KCGS), ISS, 서스틴베스트, 좋은기업지배구조연구소 등 의결권자문사들이 반대 의견을 표한 상태였다. 국민연금 수탁자책임 전문위원회는 대한항공 조양호 이사 재선임 안건을 논의하여 반대 결정으로 의견을 결정하였다.[20]

---

16) "국민연금기금 수탁자 책임에 관한 원칙(스튜어드십 코드) 도입방안", 국민연금기금운용위원회 (2018. 7. 30.).

17) 김재은, "경제개혁연대 '수탁자위, 국민연금 주주권 행사에 걸림돌이 되어선 곤란' 비판", 경제개혁연대(2019. 1. 24.).

18) "국민연금, 한진칼에 대한 경영참여 주주권 행사 추진", 보건복지부 국민연금재정과·국민연금기금운용위원회(2019. 2. 1.), "국민연금, 지투알과 한진칼 보유주식 의결권 위임 회수 결정", 보건복지부 국민연금재정과·국민연금기금 수탁자책임 전문위원회(2019. 3. 6.).

19) 유제훈, "한진그룹, '비전 2023' 공개…'지배구조 개선, 주주가치 극대화'", 아시아경제(2019. 2. 13.).

이후 국민연금 기금운용위원회는 2019. 7. 10. 경영참여목적의 주주권행사, 위탁운용사 의결권 위임 및 국민연금의 위탁운용사 선정평가시 가점부여 방안 등의 내용을 담은 <국민연금 수탁자책임에 관한 원칙 관련 후속조치(초안)> 을 발표하고 경영참여 주주권행사 가이드라인과 위탁운용사 의결권행사 가이드라인을 정립하였다.[21]

한편, 국민연금은 2020. 2. 7. 삼성전자를 포함한 56개 피투자회사의 '주식 등의대량보유상황보고서(약식)'의 변경공시를 통해 보유목적을 단순투자에서 '일반투자'로 변경하였다.[22] 이를 통해 배당, 기업의 지배구조 개선을 위한 정관변경의 추진, 임원의 위법행위에 대한 상법상 해임청구권 행사 등 과거 경영참여로 해석될 소지가 있던 사항(Grey Area)까지 주주권행사의 가능성이 열린 것으로 평가된다. 또한 보건복지부는 2020. 2. 5. 국민연금 기금운용 관련 지침 개정(안)을 발표하고, 2020. 1. 29. 개정된 국민연금법 시행령을 반영한 국민연금기금운용지침 및 기금운용위원회 및 전문위원회 운영규정 개정안을 발표하였다.[23] 국민연금은 이후 기금운용위원회의 의결을 거쳐 2020. 2. 24. 최종적으로 위 3개의 국민연금 기금운용 전문위원회(투자정책전문위원회, 위험관리·성과보상전문위원회, 수탁자책임전문위원회) 구성을 완료하였다.[24]

---

20) 신재우, "국민연금, 조양호 회장 대한항공 사내이사 연임 '반대'", 연합뉴스(2019. 3. 26.).
21) "국민연금 수탁자책임에 관한 원칙 관련 후속조치(초안)", 2019년도 제6차 국민연금기금운용위원회 보고사항 2019－18호, 보건복지부 국민연금공단(2019. 7. 5.).
22) 김영숙, "국민연금, 56개사 주식 보유 목적 '단순투자에서 일반투자로' 변경", 내일신문(2020. 2. 11.).
23) "국민연금 기금운용 관련 지침 개정(안)", 2020년도 제1차 국민연금기금운용위원회 2020－1호, 보건복지부 국민연금공단(2020. 2. 5.).
24) 이경민, "국민연금 기금운용 전문위원회 구성 완료 … 주주권행사 본격 논의", 조선비즈(2020. 2. 24.).

3. 소송 중 주요 쟁점 및 사례 -주주 대표 소송 중 소수주주권 행사 요건을 중심으로

가. 주주권을 피보전권리로 한 보전집행신청(가처분)의 요건 및 사례

1) 보전집행신청(가처분)의 요건

주주대표소송에 있어서 주주가 그 주주권을 피보전권리로 하여 법원에 제기하는 가처분신청은 임시의 지위를 정하기 위한 가처분 신청에 해당한다.

임시의 지위를 정하기 위한 가처분의 요건은 크게 두 가지이다. i) 피보전권리의 현존과 ii) 보전의 필요성이다(민사집행법 제300조 제2항).

i) 피보전권리의 현존 : 임시의 지위를 정하기 위한 가처분을 신청하려면, 다툼이 있는 권리관계가 현존해야 한다(대법원 2007. 1. 25. 선고 2005다11626 판결). 다툼이란 권리관계에 관하여 당사자의 주장이 대립하기 때문에 소송에 의한 권리보호가 요구되는 것을 말한다. 권리관계가 부인되는 것, 의무를 인정하더라도 이행하지 아니하는 것 또는 주주총회결의취소처럼 형성의 소가 제기될 것이 요구되는 것 등이 이에 속한다. 권리확정이 이루어지기 전에 임시로 권리자의 지위를 주는 것이므로 피보전권리가 반드시 집행에 적합할 필요는 없다.

ii) 보전의 필요성 : 임시의 지위를 정하기 위한 가처분은 계속하는 권리관계에 끼칠 '현저한 손해를 피하거나 급박한 위험을 막기 위해 또는 그 밖의 필요한 이유'가 있어야 한다(민사집행법 제300조 제2항). '현저한 손해를 피하거나 급박한 위험을 막기 위하여'라는 사유는 예시 규정에 지나지 않으며, 그 외에는 '그 밖의 필요한 이유가 있을 경우'라는 일반조항을 두고 있으므로 가처분의 필요성 인정 여부는 법원의 재량이다. 임시의 지위를 정하기 위한 가처분을 필요로 하는지 여부는 가처분신청의 인용 여부에 따른 당사자 쌍방의 이해득실관계, 본안소송에 있어서의 장래의 승패의 예상, 기타의 제반 사정을 고려하여 법원의 재량에 따라

합목적적으로 결정된다(대법원 2003. 11. 28. 선고 2003다30265 판결).

2) 보전집행신청(가처분)의 사례

앞서 설명한 SK텔레콤의 유상증자와 관련하여, 타이거펀드는 1999. 6. 25. "SK텔레콤이 증자를 강행하는 것은 이해관계인의 적법한 협의절차를 거치지 않은데다 주주들에게 막대한 피해를 줄 것으로 예상된다"는 이유로 신주발행금지 가처분신청을 하였으나, 법원은 같은 해 7월 6일 "이사회는 자본 조달이 필요한 경우 신주발행을 결정할 수 있으며, 유상증자가 법령이나 정관을 위반했다고 볼 수 없고, 이는 전적으로 이사회의 경영판단 사항이다"라는 이유로 신주발행금지 가처분신청을 기각하였다.[25] 또한, 1999. 7. 31. 참여연대가 주주제안상정가처분을 신청하였으나, 이후 SK텔레콤 측의 주주제안 수용으로 가처분신청을 취하한 바 있다.

앞서 설명한 삼성물산과 제일모직의 합병과 관련하여, 엘리엇은 2015. 6. 9. "삼성물산이 합병을 승인하는 것은 법령 또는 정관에 위반한 행위에 해당하고 이로 인하여 채무자 회사에 회복할 수 없는 손해가 생길 염려가 있다"는 이유로 삼성물산 주주총회 소집통지 및 결의금지, 이사의 유지 청구 등 가처분을 신청하였다. 엘리엇의 가처분신청은 "상장회사 특례조항이 선택적 적용을 긍정하고 있지 않은 한 원칙적으로 선택적 적용을 부정하면서 특례조항이 일반조항에 우선하여 적용된다는 취지의 조항으로 봄이 타당하고, 엘리엇은 신청 제기일 6개월 전부터 계속하여 회사의 주식을 보유하고 있던 것이 아니어서 상장회사 특례조항의 보유기간 충족 조건을 충족시키지 못한다"는 이유로 2015. 7. 1. 각하되었고, 이후 같은 달 16일 이에 대한 항고 역시 기각되었다.

앞서 설명한 한진칼의 2019년 주주총회와 관련하여, KCGI는 2019. 1. 18. 주주명부 열람등사 가처분신청을, 같은 해 2월 21일 주주총회 의안상정 가처분신청을, 같은 해 3월 14일 검사인 선임 신청을 연달아 제기하였다. 이에 따라 2019. 2. 19. 주주명부 열람등사 신청이 받아들여졌고, 같은 달 28일 의안상정

---

25) 백순기, "SK텔레콤 유상증자 '법적으로 문제 없다' … 서울지법", 매일경제(1999. 7. 6.).

가처분신청이 받아들여졌으며, 같은 해 3월 22일 검사인 선임 신청이 받아들여
졌다. 다만 의안상정 가처분결정에 대하여 한진칼에서 2019. 2. 28. 이의신청을
제기하였으나, 법원이 같은 해 3월 5일 가처분결정 전부를 인가하였다가, 다시
한진칼이 같은 날 즉시항고를 제기함에 따라 같은 달 21일 가처분결정이 취소
되고, 가처분신청이 기각되었다.

나. 주주대표소송의 주요 쟁점 및 사례

1) 본안 전 항변 : 적법요건과 적법요건이 문제되는 경우의 사례

A. 적법요건

상법 제403조 제1항 내지 제5항 소정의 요건을 충족하지 못하여 제기된
대표소송은 각하된다. 이는 원고의 지분요건 등 원고적격을 갖추지 못하였거
나, 서면에 의한 소제기 절차 요건을 갖추지 못하였거나 제소 후 지분을 전부
상실하는 경우 등에 해당한다.

제소 전 절차를 준수하지 못한 경우: 각하 사유 중 가장 높은 비율을 차지
하는 것은, 제소청구를 하지 않거나 제소청구 상대방을 잘못 선택하는 등 '제소
전 절차를 준수하지 못한 경우'로서, 대략 전체 각하 사유의 과반수를 넘는 것
으로 알려져 있다.[26] 이러한 사유로 각하된 대표소송은 대체로 개인, 특히 주
주 1인이 원고가 되어서 제기한 것으로서, 전문성이 없는 개인주주나 대표소송
에 익숙하지 않은 소송대리인이 소송을 수행하다 보니 절차상 요건과 같은 기
본적 요건을 준수하지 못하는 경우가 많은 것이 각하의 이유로 보인다.

원고적격을 충족 또는 유지하지 못한 경우: 모회사의 주주가 자회사의 이사
등을 피고로 제기한 이중대표소송 등 원고적격을 갖추지 못하였거나, 제소 후
주주가 지분을 전부 상실하거나, 파산절차나 회생절차가 개시되어 파산관재인

---

26) 최문희, "판례에 나타난 주주대표소송의 절차법적 논점", 선진상사법률연구 통권 제82호(2018.4.),
    44면.

이 주주대표소송의 당사자적격을 갖게 되고 주주는 당사자적격을 상실하게 된 경우, 원고가 실질주주가 아닌 경우 등 '원고적격을 충족 또는 유지하지 못한 경우'가 제소 전 절차에 이어 가장 빈번한 각하 사유에 해당한다.

이외에, 대표소송으로 추궁할 수 있는 책임 또는 대표소송의 대상이 아니라는 이유로 각하된 경우, 주주대표소송 제기 이후 회사가 소송을 제기하거나 권리보호이익이 없다는 이유로 각하된 경우도 존재한다.

소송 전은 물론 소송 절차에서도 주주권을 행사할 수 있는 주주에 해당하는지는, 소가 적법하게 제기되었는지를 판단하는 기준이 되므로 중요하다. 소송 절차에서의 주주대표소송의 적법요건은, (i) 지분율에 관계없이 주주와 회사 채권자이기만 하면 행사할 수 있는 정관, 주주총회의 의사록, 주주명부, 사채원부 열람권(제396조), (ii) 부당결의 취소, 변경의 소(상법 제381조), (iii) 신주, 전환사채 발행유지 청구 또는 무효의 소(상법 제424조, 429조), (iv) '회사의 업무집행에 관하여 부정행위 또는 법령이나 정관에 위반한 중대한 사실이 있음을 의심할 사유가 있는 때' 청구가 가능한 회사의 업무, 재산상태의 검사인 선임 청구권(상법 제467조), (v) 합병 무효의 소(상법 제529조), (vi) 아래 문단에서 서술된 위법행위유지청구권(상법 제402조)과 회계장부열람권(상법 제466조) 등의 경우에 상법상 정하여진 지분 비율과 보유 기간에 더하여, '불이익의 우려가 있는 주주' 등의 특별요건이 포함된다. 상세한 적법요건은 1. 가. 권리의 성질에 따라 분류한 대표적인 상법상 주주의 권리 및 행사요건 표 기재와 같다.

B. 적법요건이 문제되는 경우의 사례[27]

① 제소 전 절차를 준수하지 못한 경우

주주는 대표소송을 제기하기 전에 회사에 대하여 이유를 기재한 서면으로 제소청구를 해야 할 필요가 있다(상법 제 403조 제1항, 제2항). 이는 권리주체인 회사의 이사에게 경영판단 범위 내에서 소 제기 여부의 판단기회를 주기 위한 것

---

27) 최문희, 앞의 논문, 51면 참조.

이자, 주주의 남소를 방지하는 기능을 한다.[28] 주주의 제소청구 후 회사가 30일 이내에 직접 소를 제기하지 않는 경우 주주가 대표소송을 제기할 수 있다(상법 제403조 제3항). 회사를 상대방으로 제소청구를 하지 않았거나, 제소청구를 서면으로 하지 않았거나, 30일의 대기기간이 지나지 않은 상태에서 제기한 대표소송은 원칙적으로 부적법하다.

사전제소청구 절차의 하자는 몇 가지 유형으로 분류할 수 있다. (1) 제소청구를 하지 않고 대표소송을 제기하고 이후에도 제소청구를 하지 않은 경우(유형1), (2) 제소청구를 하지 않고 대표소송을 제기하였다가 대표소송 제기 후 제소청구를 한 경우(유형2), (3) 제소청구 후 30일의 기간을 기다리지 않고 대표소송을 제기한 경우(유형3), (4) 제소청구의 형식을 서면이 아니라 구두로 한 경우나 제소청구의 상대방을 잘못 특정한 경우 등이 있다.[29]

먼저, (1) 대표소송 전후에 일절 제소청구가 결여된 경우에는 원칙에 따라 소가 각하된다. 다만, (2) 제소청구를 하지 않고 소 제기를 하였다가 이후에 제소청구를 하였거나, (3) 제소청구 후 30일의 기간을 기다리지 않고 대표소송을 제기한 경우에는, 회사가 제소청구로부터 30일의 기간이 도과하도록 소를 제기하지 않은 경우 하자가 치유되어 소가 적법하다고 하는 하급심 판결[30]이 존재한다. 다만 최근의 하급심 판결[31]은 대체로 중복소송의 가능성이 있으므로 하자의 치유를 부정하는 입장이다.

제소청구의 상대방은 책임추궁의 소에서 회사를 대표하는 자여야 한다. 다만, 이사와 회사간의 소에 있어서는 회사를 대표하는 자가 감사 또는 감사위원회이므로 이를 대상으로 제소청구를 하여야 한다(상법 제394조 제1항, 제415조의2 제7항). 제소청구의 상대방을 잘못 선택한 경우에 대부분의 하급심 판결[32]은 대

---

28) 정동윤 편집대표, 주석 상법(제5판), 한국사법행정학회(2014. 12. 31.), 402면.

29) 최문희, 앞의 논문, 50면 참조.

30) 서울중앙지법 2006.11.30. 2005가합97694, 서울고법 2003. 6. 27. 2003나536, 권재열 "주주대표소송제도의 개선방안", 증권법연구 제16권 제2호(2015), 147면 참고.

31) 수원지법 여주지원 2016. 8. 24. 2014가합10051, 대전지법 천안지원 2016. 8. 26. 2015가합100948.

32) 대전지법 2005. 7. 14. 2004가합4236, 2005가합4844, 대전지법 2006. 7. 3. 2006가합4186, 의정부지법 2016. 8. 24. 2015가합52159.

표소송을 부적법한 소로서 각하하는 경향을 보이고 있다. 다만 이사와 감사위원을 겸직하는 자에 대한 책임 추궁의 경우, 소규모회사에서 감사가 존재하지 않는 경우, 전직 이사에 대한 책임 추궁의 경우에는 법령에 명시적으로 규정되어 있지 않다. 감사가 선임되지 않은 경우에 이사의 책임을 묻기 위해서는 법원에 회사를 대표할 자를 선임하여 줄 것을 청구하여야 한다고 판시한 하급심 판례[33]가 있다. 대법원은 전직 이사를 상대로 한 주주대표소송에서 제소청구의 상대방은 대표이사라고 판시[34]한 바 있다.

② 원고적격을 충족 또는 유지하지 못한 경우

주주대표소송은 소를 제기한 주주의 보유주식이 제소 후 필요지분율 미만으로 감소하여도 제소의 효력에는 영향이 없으나 주식을 전혀 보유하지 않게 된 경우에는 효력이 없게 된다(상법 제403조 제5항). 소송 진행 중 사해행위취소, 경매절차의 진행 등으로 인해 주주지위를 상실하는 경우가 이에 해당한다. 기업 인수합병 과정에서 일어난 주식교환에 따라 원고의 의사와 달리 주주지위를 상실하고 자회사의 이사들에 대한 주주대표소송의 형태가 된 경우에도 주주지위를 상실하였다고 해석하여야 하는지에 대하여 견해를 달리하는 의견이 있으나, 법원은 이를 이중대표소송을 인정할 것인지의 문제로 보아 주주지위를 상실하였다고 판시[35]한 바 있다.

③ 대표소송의 대상, 권리보호이익의 문제

주주대표소송의 대상인 '책임 추궁'의 범위에 대하여, 손해배상이 아닌 발행인 명의변경, 매매계약무효, 기계인도 등의 경우에는 대표소송의 대상이 될 수 없다는 것이 법원의 입장이다. 다만 회사의 특허권을 이전하여 간 이사에 대하여 손해배상과 동시에 특허권전부이전말소를 청구한 사건에서, 법원은 특허권 이전이 손해 회복에 해당한다는 이유로 특허권이전말소청구를 인용한 바 있다.[36]

---

33) 서울중앙지법 2017. 9. 21. 2017가합509152, 2017가합540498.
34) 대법 2002. 3. 15. 2000다9086.
35) 대법 2018. 11. 29. 2017다35717, 대법 2019. 5. 10. 2017다279326.

더하여, 이사의 횡령에 대한 책임을 묻는 소제기 이후 원고와 피고들 사이에 횡령금액 반환 및 민형사상의 책임을 묻지 않기로 한 합의가 이루어진 사안에서, 당사자간의 합의가 이루어졌으므로 소송을 통한 권리보호이익이 없어 각하된 사례가 존재한다.[37]

2) 본안 항변 : 본안에서 문제되는 쟁점과 그 사례

A. 본안에서 문제되는 쟁점

① 선관주의의무와 경영판단원칙의 법리 등

이사는 회사와의 사이에 위임관계에 있으므로(상법 제382조 제2항) 선량한 관리자의 주의로써 사무를 처리하여야 한다(민법 제681조). 이사의 지위가 단순히 이사회 구성원이든 아니면 대표이사이든, 상근이사이든 비상근이사 또는 사외이사이든, 직무수행에 있어서 선관주의를 부담한다는 점에서는 차이가 없고 의무의 기준도 동일하다. 제399조에서 말하는 법령 또는 정관을 준수해야 할 의무도 선관주의의무의 하나이다.

선관주의의무는 추상적인 내용으로 되어 있기 때문에 실제로 이사가 직무수행에 있어서 무엇을 어떻게 해야 의무를 이행한 것으로 되는지 지침을 제공하기 어렵다. 따라서 이러한 추상적인 내용을 보다 구체화하기 위하여 마련된 원칙이 **경영판단원칙**(經營判斷原則, business judgement rule)이다. 이는 사후적으로 경영판단이 잘못되었다고 드러나더라도 의사결정 당시에 합리적이었다면 이사에게 책임을 물을 수 없다는 원칙을 말한다.[38]

우리나라 판례도 이사가 필요한 정보를 합리적인 정도로 수집하여 충분히 검토를 한 다음 회사의 이익에 합당한 상당성 있는 판단을 하였다면 회사에 대한 선관주의의무를 다한 것이라고 보거나(대법원 2005. 10. 28. 선고 2003다69638 판

---

36) 서울남부지법 2017. 7. 14. 2015가합112017, 2016가합105528(공동소송참가), 특허법 2018. 1. 30. 2017나1971, 2017나1988(공동소송참가).
37) 이승희, 앞의 논문, 33면.
38) 송옥렬, 상법강의(제10판), 홍문사(2020), 제1029면.

결), 이사가 그 상황에서 합당한 정보를 가지고 적합한 절차에 따라 회사의 최대이익을 위해서 신의성실에 따라 의사결정을 하였다면 그 경영판단은 허용되는 재량의 범위 내의 것으로서 회사에 대한 선관주의의무 내지 충실의무를 다한 것이라고 본다(대법원 2002. 6. 14. 선고 2001다52407 판결).

이러한 경영판단원칙의 법리는, 위법행위유지청구권(상법 제402조)이나, 주주의 회계장부열람권(상법 제466조)의 행사를 회사가 받아들일지를 결정할 때에, '이사가 법령 또는 정관에 위반한 행위'를 하였는지, 이로 인하여 '회사에 회복할 수 없는 손해가 생길 염려'가 있는지와 '주주의 청구가 부당한지'를 판단함에 있어서 판단의 지침이 될 수 있다.

② 선관주의의무와 감시의무 - 감시의무의 범위

이사가 고의 또는 과실로 법령 또는 정관에 위반한 행위를 하거나 그 임무를 게을리한 경우에는 이사의 회사에 대한 손해배상책임이 발생한다(상법 제399조). 법령 또는 정관의 위반은 이사가 단독으로 행위를 하였거나 또는 이사회결의에 따라 행위를 하였거나 간에 상관이 없다.[39]

이 중 '이사가 임무를 게을리 한 경우'는 이사가 그 임무를 수행함에 있어서 선량한 관리자의 주의의무를 게을리 함으로써 회사에 손해를 발생시킨 경우를 말하며, 그 이사는 연대하여 손해배상책임을 지게 된다(상법 제399조 제1항). 판례는 이사가 임무를 게을리 한 경우를 충실의무 및 선관주의의무위반이라고 파악하고 있다.[40]

이사의 주의의무에는 적극적인 작위의무뿐만 아니라 손해를 방지할 소극적 부작위의무도 포함되므로, 예컨대, 사외이사가 업무담당이사의 위법행위에 대한 감시의무를 다하지 않은 것도 임무를 게을리한 경우에 해당된다. 이사의 주의의무의 정도는 그 이사가 가진 구체적 능력을 묻지 않고 그 직업의 사회적·경제적 지위에 있어서 일반적으로 요구되는 정도의 주의의무를 말한다. 즉 이사는 통상의 분별 있는 회사의 이사가 동일한 상황하에서 합리적으로 생각하여

---

39) 정동윤 편집대표, 주석 상법(제5판), 한국사법행정학회(2014. 12. 31.), 359면.
40) 대법 2010. 7. 29. 2008다7895.

회사에 최선의 이익이 되도록 취했을 동일한 방법으로 성실하게 사무를 처리할 것이 요구된다.[41)

③ 경업금지 의무 위반 판단 - 회사의 영업부류 판단 기준

이사는 이사회의 승인이 없으면 자기 또는 제삼자의 계산으로 회사의 영업부류에 속한 거래를 하거나 동종영업을 목적으로 하는 다른 회사의 무한책임사원이나 이사가 되지 못한다(상법 제397조 제1항).

여기서 회사의 영업부류에 속하는 거래라 함은 본조의 입법취지로 보아 회사가 실제로 경영하는 사업과 경합함으로써 회사와 이사간의 이익의 충돌을 가져올 가능성이 있는 거래를 말한다. 따라서 회사의 목적인 사업에 관련된다 하더라도 그 유지편익을 위한 보조적 행위는 물론, 정관 소정의 목적인 사업이라 할지라도 완전히 폐업한 사업이나 아직 시행계획이 없는 사업은 포함되지 않는다. 또한 회사의 정관에 규정되지 않았다 하더라도 실제적으로 경영하는 사업이나, 일시적으로 휴지(休止)하고 있는 사업 또는 개업 준비에 착수하고 있는 사업은 모두 경업거래로서 금지된다. 여기서 영업부류에 속하는 거래라고 규정하고 있는 것은 그 경업행위에 영리적 또는 상업적 성격이 있는 것을 말하며, 영리적 성격이 없는 행위는 포함되지 않는다. 그러므로 예컨대 부동산의 매매를 목적으로 하는 회사의 이사가 자기의 주택을 위하여 토지 및 건물을 구입하는 경우, 자동차판매회사의 이사가 가사용으로 차량을 구입하는 경우 등은 금지의 범위에 포함되지 않는다. 그러나 영리성이 인정되는 한 1회만의 거래라 할지라도 금지의 대상이 된다.[42)

④ 회사 기회 유용 판단 - 회사에 현존하는 현실적이고 구체적인 사업 기회 판단 기준

상법은 이사가 이사회의 승인 없이 자기 또는 제3자의 이익을 위하여 이용할 수 없는 회사의 사업기회를 i) 직무를 수행하는 과정에서 알게 되거나 회사

---

41) 정동윤 편집대표, 주석 상법(제5판), 한국사법행정학회(2014. 12. 31.), 362면.
42) 정동윤 편집대표, 주석 상법(제5판), 한국사법행정학회(2014. 12. 31.), 311면.

의 정보를 이용한 사업기회와 ii) 회사가 수행하고 있거나 수행할 사업과 밀접한 관계가 있는 사업기회로 규정하고 있다(상법 제397조의2).

먼저, '회사의 직무 수행 중 취득한 정보 또는 회사의 정보를 이용한 사업기회'는 회사의 사업과의 직무 관련성을 묻지 않고 상법상 회사기회유용금지의 대상이 된다. 회사의 비용에 의하여 취득한 기회는 모두 회사에 귀속한다는 취지의 규정이며, 다만 회사의 이익 가능성이 있는지에 따라 범위가 제한된다. 직무수행 중 취득한 정보인지 여부는 평균적인 일반인의 합리적인 판단을 기준으로 한다. 따라서 회사에 제공되는 정보라는 것을 이사 본인은 인식하지 못하였더라도 객관적으로 보아 합리적인 판단력을 가진 자가 인식할 수 있었다면 회사의 사업기회로 보아야 한다.

다음으로, '회사가 수행하고 있거나 수행할 사업과 밀접한 관계가 있는 사업기회'도 상법상 회사기회유용금지의 대상이 된다. 이때 '사업기회'의 판단은 대체로 미국법상의 사업범위와 유사한 기준으로 판단하고 있다. 사업기회가 매우 다양하고 비전형적인 측면이 강하기 때문에 판례의 축적에 따라 그 기준이 구체적으로 정해질 수밖에 없을 것이다. 미국 법원에서는 기회에 대한 회사의 필요 정도, 회사가 이전에 특정 또는 유사한 기회에 관심을 표했는가 여부와 회사가 기회를 이용할 실제적 능력 등을 고려하여 종합적으로 판단하고 있다.[43] 한국에서는 "사업기회 유용 금지의 원칙이 이사의 선관주의 또는 충실의무의 한 내포로서 인정된다 하더라도 이사가 사업기회를 유용한 것으로 인정되려면 '유망한 사업기회'가 존재하고 사업기회가 이사에 의하여 '유용'된 것이 인정되어야 한다"는 취지로, (회사가 유상증자에 대한 신주인수권을 포기한 것과 관련하여) "당시 IMF 외환위기 사태로 회사가 속한 업계와 회사의 자금 상황이 사업기회를 이용할 능력이 없었다는 점을 들어 이사가 회사의 사업기회를 유용한 것으로 보기 어렵다"는 판결이 있다.[44]

---

43) 정동윤 편집대표, 주석 상법(제5판), 한국사법행정학회(2014. 12. 31.), 323면.
44) 서울고법 2011. 6. 16. 2010나70751.

⑤ 인과관계

주주대표소송은 대체로 이사의 행위로 인하여 회사에 발생한 손해를 주주가 직접 이사에 대하여 묻는 형태로 이루어진다. 이사의 회사에 대한 책임을 묻기 위해서는, 법령·정관위반행위 또는 임무해태가 있었고, 그 결과로 회사의 손해가 발생하여야 한다. 대법원 역시 손해와 책임원인 간에 상당인과관계가 있어야 한다고 명시적으로 판시한 바 있다.[45] 또한, 대법원은 손해배상책임의 원인이 되는 이사의 행위로 인하여 피해자인 회사가 새로운 이득을 얻었고, 그 이득과 손해배상책임의 원인 행위 사이에 상당인과관계가 있다면 손해배상액의 산정에 있어서 손익상계가 허용된다고 판시한 바 있다.[46]

⑥ 손해배상책임의 제한

대법원은, 손해배상책임의 제한과 관련하여 기본적으로 "채무자가 채권자에 대하여 채무불이행으로 인한 손해배상책임을 지는 경우에 있어서 채권자에게 과실이 있거나 손해부담의 공평을 기하기 위한 필요가 있는 때에는 과실상계나 공평의 원칙에 기하여 채무자의 책임을 제한할 수 있다[47]"는 태도를 견지하고 있다. 대법원은 상법상 이사가 회사에 대하여 부담하는 손해배상책임과 관련하여서도, "이사가 법령 또는 정관에 위반한 행위를 하거나 그 임무를 게을리함으로써 회사에 대하여 손해를 배상할 책임이 있는 경우에 그 손해배상의 범위를 정할 때에는, 당해 사업의 내용과 성격, 당해 이사의 임무위반 경위 및 임무위반행위의 태양, 회사의 손해 발생 및 확대에 관여된 객관적인 사정이나 그 정도, 평소 이사의 회사에 대한 공헌도, 임무위반행위로 인한 당해 이사의 이득 유무, 회사 조직 체계의 흠결 유무나 위험관리 체제의 구축 여부 등 모든 사정을 참작하여 손해분담의 공평이라는 손해배상제도의 이념에 비추어 그 손해배상액을 제한할 수 있다"[48]고 판시한 바 있다.

---

45) 대법 2007. 7. 26. 2006다3360.
46) 대법 2005. 10. 28. 2003다69638.
47) 대법 2007. 10. 25. 2006다16758, 16765 등.
48) 대법 2004. 12. 10. 2002다60467, 60474 등.

⑦ 소멸시효

이사의 임무해태로 인한 회사의 손해배상청구권은 민법에 따라 일반 소멸시효기간인 10년이 지나면 소멸시효가 완성된다는 것이 판례이다.[49] 또한, 대법원은 "회사가 상법 제399조에 의하여 이사에 대하여 손해배상청구의 소를 제기하더라도 민법에 따른 일반 불법행위로 인한 손해배상청구권에 대한 소멸시효 중단의 효력은 없다"[50]고 판시한 바 있다. 즉, 판례에 따르면 이사의 회사에 대한 책임의 소멸시효를 중단하기 위해서는, 상법에 따라 이사에 대하여 손해배상청구의 소를 제기함과 동시에 민법에 따른 일반 불법행위 손해배상청구도 함께 청구 원인으로 기재하여야 한다는 점에 주의하여야 한다.

B. 본안 판단이 이루어진 경우의 사례

① 대법원 2002. 3. 15. 선고 2000다9086 판결 제일은행 사건
　　－선관주의의무와 경영판단원칙의 법리, 감시의무의 범위

대법원은, **경영판단원칙의 법리**와 관련하여, "상환능력이 미흡하고 재무구조가 동업계 대비 열악한 상태인 차주에 대하여 담보를 제공받지 않고 신규대출을 한 이사들에 대하여, 경영자로서 최선이라는 판단하에 여신을 제공한 것"이라는 피고들의 주장을 배척하고, "대출결정에 이른 경위와 규모, 차주의 제반 상황 및 담보 확보 여부, 차주의 재무구조 및 수익성에 대한 부정적인 평가결과 등의 제반 사정을 고려할 때 피고들은 은행의 경영자로서 여신운용원칙에 위반하여 대출결정을 내린 것이므로 경영판단원칙을 적용하더라도 선관주의의무를 위반한 것으로 판단된다"고 판시한 바 있다.

또한, 대법원은 **이사들의 감시의무의 범위**와 관련하여, "대표이사의 부실여신제공결정을 이사회 결의로 승인한 이사들에 대하여, 법령이나 정관을 위반하거나 임무를 해태한 사실이 없다"는 피고들의 주장을 배척하고, "은행의 이

---

49) 대법 2006. 8. 25. 2004다24144.

50) 대법 2006. 8. 25. 2004다24144.

사는 일반 주식회사 이사의 선관의무에서 더 나아가 은행의 그 공공적 성격에 걸맞는 내용의 선관의무까지 요구된다"는 이유로, 피고들에게 손해배상책임을 인정하였다.

② 대법원 2005. 10. 28. 선고 2003다69638 판결 삼성전자 사건
－선관주의의무와 경영판단원칙의 법리, 소멸시효, 인과관계

대법원은, **경영판단원칙의 법리**와 관련하여, "이사가 임무 수행에 있어 법령에 위반한 행위를 한 때에는 그 자체가 회사에 대한 채무불이행"이라고 판시하면서, "법령에 위반한 행위에 대하여는 경영판단의 원칙이 적용될 여지가 없다"고 판시하였다. 따라서 "회사의 자금으로 뇌물을 공여한 경우 상법 제399조의 '법령에 위반된 행위'에 해당하고 이사는 회사에 대하여 뇌물액 상당의 손해를 배상할 책임이 있다"고 판시하였다. 또한, 회사가 지배하고 있던 다른 회사의 주식 매각건과 관련하여, "당시 이사들은 적정한 매각 방법이나 거래가액에 관하여 전문가에게 조언을 구한 바가 없고, 지배주주 지위를 잃는 데에 따른 득실이나 적절한 거래가액, 매출액, 순손실액의 규모 등 경영상태의 개선과 관련하여 고려하지 않았으며, 매매가격도 당시의 주당 순자산가치와 비교할 때 현저히 불합리하여 상당성도 인정되지 아니하다는 점을 고려할 때, 이사들이 적정가액을 결정하기 위한 합리적인 정보를 가지고 회사의 최대의 이익이 되도록 결정하였다고 보기 어려우며 선량한 관리자의 주의의무를 다하였다고 볼 수 없다"고 판시하였다.

대법원은 손해의 원인 행위와 상당인과관계 있는 이득간의 손익상계와 관련하여, **"손익상계**가 되기 위해서는 손해배상책임의 원인이 되는 이사의 행위로 인하여 피해자인 회사가 새로운 이득을 얻었고, 그 이득과 손해배상책임의 원인 행위 사이에 상당인과관계가 있어야 한다"고 판시하였다. 더하여 "회사가 자회사 주식을 싼 가격에 매도함으로써 법인세를 절감한 사정이 있다고 하더라도 이는 과세관청이 법인세를 부과하지 않음에 따른 것이고 이로써 매도 행위로 인한 손해가 직접 전보된다고 할 수는 없는 것이어서, 이사들의 임무해태행

위와 절감된 법인세 사이에 법률상 상당인과관계가 있다고 할 수 없다는 점을 들어, 매도 행위에 대한 손해와 법인세 절감으로 인한 이득을 손익상계할 수 없다"고 판시하였다.

또한, 대법원은 "이사의 회사에 대한 손해배상책임의 **소멸시효**와 관련하여, 이사의 회사에 대한 손해배상책임으로 인해 발생한 회사의 손해배상청구권은 채무불이행책임으로 10년의 소멸시효기간이 적용된다"고 판시하면서, 위 "뇌물제공으로 인한 손해배상청구권은 10년의 시효가 도과하여 소멸되었다"고 판시하였다.

③ 대구지방법원 김천지원 2011. 2. 18. 선고 2007가합425 판결 제일모직 사건
  ― 선관주의 의무와 경영판단원칙

법원은 이사의 법령 위반 행위에 대한 **경영판단원칙**의 적용과 관련하여, "이사가 임무를 수행함에 있어서 법령에 위반한 행위를 한 때에는 그 행위 자체가 회사에 대한 채무불이행에 해당되므로 이로 인하여 회사에 손해가 발생한 이상, 특별한 사정이 없는 이상 손해배상책임을 면할 수는 없다"고 판시하였다. 위와 같은 법령에 위반한 행위에 대하여는 "이사가 임무를 수행함에 있어서 선관주의의무를 위반하여 임무해태로 인한 손해배상책임이 문제되는 경우에 고려될 수 있는 경영판단의 원칙은 적용될 여지가 없다"고 판시하였다. 더하여 설령 "경영판단의 원칙이 적용된다 하더라도 전환사채의 발행가액이 전환사채 발행 전 주식가치보다 훨씬 저평가된 금액이었고, 배정된 인수금액이 기업규모에 비추어 부담이 되는 큰 금액이라고 할 수 없었던 점에 비추어 전환사채의 인수를 포기한 행위가 허용된 경영판단의 재량범위 내의 행위라고 보기 어렵다"고 판시하였다.

④ 서울고등법원 2016. 6. 2. 선고 2015나2042559 판결 한화투자증권 사건
  ― 손해배상책임의 제한

법원은 **손해배상책임의 제한**과 관련하여, "이사가 법령 또는 정관에 위반한 행위를 하거나 그 임무를 게을리함으로써 회사에 대하여 손해를 배상할 책임이 있는 경우에 그 손해배상의 범위를 정할 때에는, 당해 사업의 내용과 성격, 당해 이사의 임무위반 경위 및 임무위반행위의 태양, 회사의 손해 발생 및 확대에 관여된 객관적인 사정이나 그 정도, 평소 이사의 회사에 대한 공헌도, 임무위반행위로 인한 당해 이사의 이득 유무, 회사 조직 체계의 흠결 유무나 위험관리 체제의 구축 여부 등 모든 사정을 참작하여 손해분담의 공평이라는 손해배상제도의 이념에 비추어 그 손해배상액을 제한할 수 있다"고 판시하였다. 이에 따라, "이 사건 콜옵션 양도 경위, 이로 인해 이사들이 개인적으로 취한 이익이 없는 점, 이사들의 평소 회사에 대한 공헌도 등을 손해분담의 공평이라는 손해배상제도의 이념에 비추어, 이사들의 책임을 40%로 제한하는 것이 타당하다"고 판결하였다.

참고문헌

1. 단행본

정동윤 편집대표, 주석 상법(제5판), 한국사법행정학회(2014. 12. 31.).
송옥렬, 상법강의(제10판), 홍문사(2020).

2. 논문

서완석, "주주행동주의의 문제점과 대처방안", 성균관법학 제26권 제1호(2014. 3.).
정대익, "주주행동주의의 법적 한계", 경영법률 제27권제2호(2017. 1.).
이승희, "1997~2017 주주대표소송 제기 현황과 판결 분석", 경제개혁연구소 경제개혁리포트 2018－3호(2018. 3.).
권재열 "주주대표소송제도의 개선방안", 증권법연구 제16권 제2호(2015).
최문희, "판례에 나타난 주주대표소송의 절차법적 논점", 선진상사법률연구 통권 제82호(2018.4.).

3. 기타

김승환, "SK텔레콤－참여연대「투명경영」합의 … 소액주주 권익운동결실", 동아일보(1998. 6. 27.).
이용재, "[SK텔레콤 유상증자] 타이거펀드－SK「정면충돌」", 동아일보(1999. 6. 19.).
정건수, "한통도 SK텔레콤 증자에 '반기' … 타이거펀드에 동조", 한국경제(1999. 6. 23.).
이민호·주정완, "타이거펀드, SK텔레콤 주식 1조에 매각", 중앙일보(1999. 8. 24.).
이형선, "KCGI, '한진그룹의 신뢰회복을 위한 프로그램 5개년 계획' 공개 제안", EBN (2019. 1. 21.).
김재은, "경제개혁연대 '수탁자위, 국민연금 주주권 행사에 걸림돌이 되어선 곤란' 비판", 경제개혁연대(2019. 1. 24.).

유제훈, "한진그룹, '비전 2023' 공개 … '지배구조 개선, 주주가치 극대화'", 아시아경제
(2019. 2. 13.).

신재우, "국민연금, 조양호 회장 대한항공 사내이사 연임 '반대'", 연합뉴스(2019. 3. 26.).

김영숙, "국민연금, 56개사 주식 보유 목적 '단순투자에서 일반투자로' 변경", 내일신
문(2020. 2. 11.).

이경민, "국민연금 기금운용 전문위원회 구성 완료 … 주주권행사 본격 논의", 조선
비즈(2020. 2. 24.).

백순기, "SK텔레콤 유상증자 '법적으로 문제 없다' … 서울지법", 매일경제(1999. 7. 6.).

"재벌개혁 촉구 및 98년 소액주주운동 계획 발표 기자회견 보도자료", 참여연대
(1998. 1. 21.).

"SK텔레콤－타이거펀드 간 합의는 참여연대와 무관합니다", 참여연대(1998. 3. 21.).

"SK그룹의 SK 텔레콤 지분인수 관련 입장", 참여연대(1999. 8. 23.)

"[성명] SK텔레콤은 그린메일이었는지 흑색선전이었는지 더욱 분명하게 밝혀야", 참
여연대(2003. 5. 22.).

"SK텔레콤 임시주주총회에 사외이사 선임 안건 주주제안", 참여연대(1999. 7. 15.).

"SK텔레콤, 참여연대 주주제안 수용키로", 참여연대(1999. 8. 4.).

"국민연금기금 수탁자 책임에 관한 원칙 (스튜어드십 코드) 도입방안", 국민연금기금
운용위원회(2018. 7. 30.).

"국민연금, 한진칼에 대한 경영참여 주주권 행사 추진", 보건복지부 국민연금재정과·
국민연금기금운용위원회(2019. 2. 1.), "국민연금, 지투알과 한진칼 보유주식 의결
권 위임 회수 결정", 보건복지부 국민연금재정과·국민연금기금 수탁자책임 전문
위원회(2019. 3. 6.).

"국민연금 수탁자책임에 관한 원칙 관련 후속조치(초안)", 2019년도 제6차 국민연금
기금운용위원회 보고사항 2019－18호, 보건복지부 국민연금공단(2019. 7. 5.).

"국민연금 기금운용 관련 지침 개정(안)", 2020년도 제1차 국민연금기금운용위원회
2020－1호, 보건복지부 국민연금공단(2020. 2. 5.).

**PART
6**

집합투자기구와 주주행동주의

채희석

한국/러시아 변호사(現. SK SUPEX추구협의회 법무지원팀 담당 부사장). 법무법인 (유) 지평 자문그룹에서 국내 PEF제도 도입 초창기부터 사모펀드 분야에서 10년 이상 활동하며 창의적이고 적극적인 자문으로 큰 호응을 얻은 바 있으며, 특히 PEF 제도발전에 동참하여 그 공로를 인정받아 국무총리 표창(2019, 금융혁신 부문)을 수상하였다. 현재는 SK그룹으로 자리를 옮겨 그간의 경험을 생생한 기업현실에 적용하고 있다.

김진하

변호사. 법무법인(유) 지평에서 사모펀드(PEF, HF), 금융규제 및 금융회사 자문, 인수금융 및 금융회사 M&A, IPO·자본시장 관련 자문업무를 수행하고 있다.

집합투자기구와 주주행동주의

1. 들어가며

주주행동주의(shareholder activism)는 주주들이 투자대상회사의 경영개선을 목적으로 적극적으로 자신들의 의사를 회사에 전달하고, 이를 회사 경영에 반영하기 위한 공식적·비공식적 노력에서 시작되었다.[1] 주주행동주의를 표방하는 행위주체로는 전통적으로 외국계 주주행동주의 펀드인 '헤지펀드(Hedge Fund)'를 예로 들 수 있다. 이들 행동주의 헤지펀드들이 국내에서 활동한 사례로는 (i) 소버린 vs. SK㈜, 칼 아이칸 vs. KT&G, 엘리엇 vs. 삼성물산&제일모직 등 사건이 있다. 일본에서는 Seven & iHoldings vs. Third Point, SONY vs. Third Point, GMO vs. Oasis Management Company Ltd., Barnes and Noble vs. Yucaipa 등이 유명한 사례로 꼽히며, 그 외에도 Sotheby's vs. Third Point, Dupont vs. Train Fund Management(2015) 등의 사건도 세계적으로 널리 알려진 사건이다.[2]

국내에서는 2006년 라자드자산운용이 설정한 한국형 행동주의펀드인 '한국기업지배구조개선펀드'(일명 '장하성펀드')가 태광그룹(대한화섬) 등을 상대로 소

---

1) 황인학, 최승재, "주주행동주의, 국민연금과 스튜어드십 코드", 기업법연구 제33권(2019. 6.), 86면; 안수현, "주주행동주의(Shareholder Activism)의 순기능 강화를 위한 몇 가지 논의", 경영법률 제30권 제3호(2020. 4.), 249면.
2) 최준선, "주주행동주의에 대한 대응 방안", 기업법연구 제33권(2019. 9.), 270면.

액주주운동을 펼친 바 있고, 이후 밸류파트너스자산운용(對. 한국아트라스비엑스, KISCO홀딩스 등), KB자산운용(對. SM엔터테인먼트), 플랫폼파트너스자산운용(對. 맥쿼리인프라 펀드) 등이 행동주의펀드의 명맥을 이어오고 있다. 한편, 공적연기금을 중심으로 한 기관투자자의 경우에는 최근 스튜어드십 코드의 도입과 함께 기관투자자의 수탁자책임을 이행하기 위한 주주권 행사와 관련된 논의가 활발히 이루어지고 있다.

2004년 10월 「간접투자자산운용업법」(이하 '구. 자산운용업법')에 사모투자전문회사(Private Equity Fund, 이하 'PEF')가 도입되면서, 사모펀드 시장은 PEF(경영참여형 사모집합투자기구)와 기존의 한국형 헤지펀드(HF), 그리고 전통적인 사모형 투자신탁과 투자회사를 합친 전문투자형 사모펀드로 구성되게 되었다. 이후 법 개정을 거쳐 현행 「자본시장과 금융투자업에 관한 법률」(이하 '자본시장법')은 집합투자기구를 공모집합투자기구와 사모집합투자기구로 구분하고 사모집합투자기구는 전문투자형 사모집합투자기구(이른바 '한국형 헤지펀드')와 경영참여형 사모집합투자기구(PEF) 그 밖에 특수목적 PEF로 구분하고 있다. 최근까지 한진칼, 한진 등 한진그룹에 대한 공세를 지속하고 있는 KCGI는 한국형 행동주의 펀드이면서 PEF를 활용하고 있는 대표적인 사례이다.

본 장에서는 주주행동주의 구현에 적합한 집합투자기구의 형태에 대하여 살펴보고, 집합투자기구 중 PEF의 재산운용방법, 투자자 모집, 이해상충과 Exit 등 이슈 및 유의점을 살펴봄으로써 PEF가 주주행동주의의 관점에서 어떻게 활용될 수 있는지 논의하고자 한다.

2. 주주행동주의에 적합한 집합투자기구 형태

가. 집합투자기구의 형태상 구분

자본시장법은 집합투자기구를 그 형태에 따라 기본적으로 공모집합투자기구와 사모집합투자기구로 구분하고, 사모집합투자기구를 다시 PEF와 전문투자형 사모집합투자기구로 구분하고 있다(자본시장법 제9조 제19항). 통상 PEF는 'Private Equity Fund' 또는 'PEF'로 불리고, 전문투자형 사모집합투자기구는 'Hedge Fund'로[3] 불린다.

그런가 하면 사모집합투자기구 중에는 자본시장법의 적용이 배제되는 특별법상 사모집합투자기구가 있는데(자본시장법 제6조 제5항 제1호), 이러한 특별법상 사모집합투자기구에는 「여신전문금융업법」에 따른 신기술사업투자조합, 「벤처투자 촉진에 관한 법률」에 따른 벤처투자조합, 「부동산투자회사법」에 따른 부동산투자회사(통상 'REITs'로 불린다), 「산업발전법」에 따른 기업구조조정 PEF 등이 포함된다. 이 중 신기술사업투자조합, 벤처투자조합은 창업·벤처전문 PEF(자본시장법 제249조의23)와 함께 이른바 '벤처펀드(Venture Capital Fund)'로 분류되고, 기업구조조정 PEF는 기업재무안정 PEF와 함께 이른바 'NPL펀드'로 분류된다.[4]

그런데 공모집합투자기구, 전문투자형 사모집합투자기구 및 특별법상 사모집합투자기구는 주주행동주의를 구현하기 위한 목적으로 사용하는데 적합하다고 보기 어렵고, 이러한 이유로 실무에서도 PEF가 주주행동주의를 위하여 주로 사용되고 있는 것으로 이해된다. 아래에서는 각 유형의 집합투자기구가 주

---

3) 자본시장법은 PEF의 재산운용방법인 '경영참여목적' 투자가 아닌 형태로 재산을 운용하는 모든 사모집합투자기구를 전문투자형 사모집합투자기구로 분류한다. 이에 따라 집합투자재산을 부동산이나 인프라자산에 투자하는 사모집합투자기구도 전문투자형 사모집합투자기구에 포함된다. 그런데 통상 Hedge Fund가 상장주식, 외환, 선물 등과 같이 유동성이 풍부한 재산에 대한 단기투자를 주된 전략으로 구사하는 집합투자기구를 의미한다는 점을 감안하면, 전문투자형 사모집합투자기구를 Hedge Fund로 부르는 것은 오해의 소지가 있다. 이러한 점을 고려하여 감독당국은 전문투자형 사모집합투자기구 도입 당시 "한국형 헤지펀드"라는 표현을 이용한 바 있다(예를 들면 금융감독원 보도자료, 「한국형 헤지펀드 관련 보고절차 및 서식 등 제정」(2011. 12. 6.)).

4) NPL펀드로 가장 많이 이용된 것은 IMF 외환위기 직후인 1999년 「산업발전법」을 통하여 도입된 기업구조조정조합(이른바 'CRC조합')이다. 기업구조조정조합은 2009년 「산업발전법」 전부개정을 통하여 기업구조개선 사모투자전문회사로 대체되었고, 이후 2015년 명칭이 기업구조개선 PEF로 변경되어 현재에 이르고 있다. 다만 실무적으로는 「산업발전법」에 따른 기업구조개선 PEF보다는 자본시장법에 따른 기업재무안정 PEF가 더욱 자주 활용된다(2020년 3월말 현재 운용 중인 기업재무안정 PEF는 기업구조개선 PEF는 66개인데 반해, 운용 중인 기업구조개선 PEF는 찾아볼 수 없다).

주행동주의 목적에 적합하지 않는 이유에 관해서 살펴보기로 한다.

나. 공모집합투자기구

자본시장법은 사모집합투자기구를 정의하면서, 사모집합투자기구의 요건을 충족하지 않는 모든 집합투자기구를 공모집합투자기구로 분류하는 방식을 취하고 있다. 사모집합투자기구는 '집합투자증권을 사모로만 발행하는 집합투자기구'로서 '투자자의 총수가 49인 이하'인 경우를[5] 말한다(자본시장법 제9조 제19항, 동법 시행령 제14조 제1항, 제2항). 그러므로 공모집합투자기구는 집합투자증권을 공모로 발행하였거나 투자자의 총수가 50인 이상인 집합투자기구를 말한다고 할 수 있다. 그런데 집합투자증권을 공모로 발행하였으나 투자자 총수가 49인 이하인 집합투자기구는 이론적으로 가능할 수 있으나(예를 들면 투자자 모집에 실패한 경우) 투자자의 총수가 50인 이상이면서 집합투자증권을 공모로 발행하지 않는 경우는 가능하지 않으므로, 결국 공모집합투자기구의 가장 큰 특징은 집합투자증권의 공모발행과 이를 위한 증권신고서 제출의무라고 할 수 있다.

그런데 주주행동주의는 신속하고 유연한 자금집행이 필수적이라고 할 수 있으므로, 공모집합투자기구의 설립을 위한 공모발행과 증권신고서 제출의무는 주주행동주의와 어울리기 어려워 보인다. 더구나 공모집합투자기구에 대해서는 투자자를 위한 다양한 보호장치가 적용되는바(자본시장법 제5편 참조), 위와 같은 보호장치 중 상당부분의 적용이 배제되는 사모집합투자기구에 비하여(자본시장법 제249조의8, 제249조의20) 신속성과 유연성이 떨어지는 것이 사실이다.

한편 공모집합투자기구에 적용되는 재산운용상 제한도 공모집합투자기구가 주주행동주의 목적으로 활용되는 것을 어렵게 한다. 특히 공모집합투자기구는 동일법인의 지분증권 총수 중 10%를 초과하여 투자할 수 없고(자본시장법 제81조 제1항 제1호 다목), 이러한 투자한도를 초과하여 취득한 주식에 대해서는 그

---

5) 자본시장법은 투자자 총수를 산정하는 구체적인 방법을 별도로 규정해 두고 있다(자본시장법 시행령 제14조 제1항).

주식의 의결권을 행사할 수 없다(자본시장법 제87조 제4항). 집합투자기구의 지분율이 10% 이하로 제한된다는 것이 주주행동주의 구현을 위한 심각한 장애라는 점에는 긴 설명이 필요하지 않을 것이다.

　이러한 점에 비추어 보면 주주행동주의를 위하여 공모집합투자기구를 활용하기는 어려울 것으로 생각된다.

다. 전문투자형 사모집합투자기구(Hedge Fund)

　전문투자형 사모집합투자기구를 주주행동주의 목적으로 활용할 수 있는지와 관련해서는 전문투자형 사모집합투자기구의 재산운용방법, 특히 경영참여투자의[6] 허용 여부를 살펴볼 필요가 있다. 특히 이와 관련하여 감독당국은 과거 전문투자형 사모집합투자기구가 "경영권에 대한 참여를 하는 것은 자본시장법의 취지상 타당하지 않다"고 유권해석을 내린 바 있는데(2017. 3. 17.자 질의회신),[7] 이러한 유권해석의 정확한 의미에 관해서 상당기간 논란이 있어 왔다.

　이와 관련해서는 특히 전문투자형 사모집합투자기구가 의결권 있는 지분율 10%를 초과하는 투자를 하는 것이 아예 금지되는지, 아니면 투자는 할 수 있지만 10%를 초과하는 부분의 의결권만 제한되는지가 주로 논란이 되어 왔다. 이러한 논란은 전문투자형 사모집합투자기구의 재산운용상 특례를 규정하고 있는 자본시장법 제249조의8이 자본시장법 제81조 제1항 제1호 다목(해당 조항은 동일법인이 발행한 지분증권 총수의 10%를 초과하여 투자하는 행위를 금지하고 있다)의 적용을 배제하면서, 자본시장법 제81조 제1항 제1호 다목에 따른 투자한도

---

6) 일반적으로 PEF의 주된 재산운용방법인 (i) 의결권 있는 지분율 10%를 초과하는 투자와 (ii) 임원의 임면 등 투자하는 회사의 주요경영사항에 대하여 사실상의 지배력 행사가 가능하도록 하는 투자를 "경영참여투자(Buy-out investment)"라고 부른다.

7) https://better.fsc.go.kr/user/extra/fsc/123/fsc_lawreq/view/jsp/LayOutPage.do? lawr eqIdx=1362 참조. 그 근거에 관해서 감독당국은 (i) 자본시장법이 전문투자형 사모집합투자기구와 PEF의 재산운용방법을 명확하게 구분하고 있고, (ii) 전문투자형 사모집합투자기구에 대해서는 공모집합투자기구에 적용되는 재산운용상 제한에 대한 예외만을 인정하고 있을 뿐 경영참여투자까지 허용하고 있다고 보기 어려우며, (iii) 자본시장법이 PEF에 대해서만 대기업집단 관련 규제의 특례를 규정하고 있다는 점을 들고 있다.

를 위반하여 취득한 주식에 대한 의결권 행사제한에 관한 자본시장법 제87조 제4항의 적용을 배제하지 않은 데서 비롯된 것으로 보인다. 위와 같은 조항으로 인해 전문투자형 사모집합투자기구가 의결권 있는 지분율 10%를 초과하는 투자를 할 수는 있지만(자본시장법 제81조 제1항 제1호 다목의 적용 배제), 전문투자형 사모집합투자기구에 대해서도 적용되는 자본시장법 제87조 제4항에 따라 의결권 있는 지분율 10%를 초과하는 부분에 관해서는 의결권 행사가 제한된다는 견해가 가능해진 것이다.

감독당국은 위와 같은 논란에 대하여 "전문투자형 사모펀드(헤지펀드)는 운용규제는 대폭 완화된 반면, 10% 이상 보유지분에 대해 의결권 제한"이라고 설명하여 후자의 입장을 취하고 있다.[8] 이러한 해석에 따르면 10%를 초과하는 투자가 아예 금지된다고 하는 입장보다 조금 더 낫기는 하지만, 의결권이 10% 이하로 제한된다는 점에서 여전히 전문투자형 사모집합투자기구를 주주행동주의 목적으로 활용하는데 심각한 장애요인이 될 것이다. 결국 전문투자형 사모집합투자기구 역시 주주행동주의를 위하여 활용되는데 미흡한 점이 있다.

라. 특별법상 사모집합투자기구

특별법상 사모집합투자기구는 도입 목적에 따라 재산을 운용하여야 하므로, 주주행동주의를 위하여 활용하기가 어렵다. 예를 들어 원칙적으로 신기술사업투자조합은 신기술사업자에, 벤처투자조합은 창업자, 중소기업, 벤처기업 등에, 부동산투자회사는 부동산에 재산을 운용해야 한다. 그리고 이러한 점은 특수한 형태의 PEF인 기업재무안정 PEF나 창업·벤처전문 PEF 역시 마찬가지이다. 이러한 점을 감안하면 특별한 사정이 없는 한[9] 특별법상 사모집합투자기

---

8) 금융위원회·금융감독원, 「사모펀드 체계 개편방향」(2018. 9.), 2면 참조

9) 신기술사업투자조합이나 벤처투자조합을 중소기업 등을 대상으로 하는 주주행동주의 목적으로 활용하는 것을 고려해 볼 수 있다. 그러나 주식취득의 가능성을 고려하여 주주행동주의가 통상 상장법인을 대상으로 이루어진다는 점을 감안하면, 투자대상이 상당히 줄어든다는 문제가 있다. 이와 관련하여 2018년 「여신전문금융업법」 개정을 통하여 신기술사업투자조합의 투자대상이 중소기업

구를 주주행동주의 목적으로 활용하기는 쉽지 않을 것으로 예상된다.

마. 소결론

위에서 살펴본 것처럼 집합투자기구의 설정이나 재산운용상 제한을 감안
하면 공모집합투자기구, 전문투자형 사모집합투자기구 및 특별법상 사모집합
투자기구는 주주행동주의 목적으로 활용하기에 어려움이 있다. 따라서 주주행
동주의에는 경영참여투자를 목적으로 하는 경영참여형 사모집합투자기구(이하
'PEF')가 가장 적합할 것으로 생각된다. 실무적으로도 주주행동주의를 표방하는
대부분의 집합투자기구(이하 '주주행동주의 펀드')가 PEF 형태로 설립되었다. 이러
한 점을 감안하여 아래에서는 PEF를 중심으로 주주행동주의를 구현하기 위하
여 고려해야 할 점을 살펴보기로 한다.

참고로 감독당국은 2018년 9월 사모펀드 체계의 개편방안에 대하여 발표
한 바 있고, 이러한 개편방안은 2018년 11월 2일 김병욱 의원 대표발의로 의안
이 접수된 바 있다. 위 개편방안에 따르면 전문투자형 사모집합투자기구와 PEF
의 구분과 이에 따른 재산운용상 제한을 폐지하되, 투자자의 성격에 따른 구분
만 두어 PEF(위 개편방안에서는 "기관전용 사모집합투자기구"라는 용어를 사용하고 있다)
에 대해서는 기관투자자에 한하여 투자를 허용하게 된다.[10] 위 자본시장법 개
정안은 20대 국회에서 통과되지 못하여 자동폐기되었지만 감독당국은 여전히
위와 같은 방향의 사모펀드 개편방안을 추진할 뜻을 밝힌바 있다.[11] 만약 이러
한 개편방안에 따라 자본시장법이 개정된다면 PEF뿐만 아니라 전문투자형 사
모집합투자기구(위 개편방안에서는 "일반 사모집합투자기구"라는 용어를 사용하고 있다)
역시 주주행동주의를 구현하는데 무리가 없게 될 것이다.

에서 중견기업으로 확대되었다는 점은 특기할만 하다. 또한 신기술사업투자조합의 경우 전문투자
형 사모집합투자기구나 PEF와 달리 지분율에 대한 제한이 없다는 점도 주주행동주의 측면에서 유
리한 점이라고 할 수 있다.

10) 금융위원회·금융감독원, 「사모펀드 체계 개편방향」(2018. 9.), 5면 참조.

11) 금융위원회·금융감독원, 「사모펀드 현황 평가 및 제도개선 방안(최종안)」(2020. 4. 27.), 28면 참조.

3. 주주행동주의와 PEF의 재산운용상 제한

가. PEF의 재산운용방법

PEF는 경영참여투자를 목적으로 하는 집합투자기구로 도입되었기 때문에, 자본시장법은 PEF의 재산운용방법을 경영참여투자를 중심으로 규정하고 있다. 다만 지난 2004년 구「간접투자자산 운용업법」개정을 통하여 PEF가[12] 도입된 이후 재산운용방식에 대한 제한이 완화되면서, 경영참여투자 외에 다양한 재산운용방법이 추가되었다. 자본시장법이 허용하는 PEF의 재산운용방법은 아래와 같이 크게 (i) 경영참여투자(실무에서는 '주목적투자'라고 부르기도 한다), (ii) 운용가능투자, (iii) 잔여재산투자로 구분하는 것이 일반적이다(자본시장법 제249조의12 제1항, 제2항, 동법 시행령 제271조의15 제5항, 제271조의16 제5항).

1) 경영참여투자

경영참여투자는 (i) 의결권 있는 지분율 10% 이상이 되도록 하는 투자와 (ii) 의결권 있는 지분율 10% 미만이면서 사실상 지배력 행사가 가능하도록 하는 투자를 말한다(자본시장법 제249조의12 제1항 제1호, 제2호). 위 (ii)의 구체적인 의미에 관하여 감독당국은 투자대상회사의 기존 주주 등과 체결된 계약을 통하여 이사 1인 이상의 지명권을 보유하는 경우로 해석하고 있다. 경영참여투자를 별도로 분류할 법률적 실익은 운용가능투자나 잔여재산투자와 달리 경영참여투자에 한하여 '2년 규정' 준수 여부를 판단함에 있어서 산입이 된다는데 있다. 다시 말해 자본시장법은 PEF에 사원이 출자한 날부터 2년 이내에 출자한 금액의 50% 이상을 일정한 용도로 사용하도록 강제하고 있는데(자본시장법 제249조의12 제3항), 이때 위 '일정한 용도'에는 경영참여투자만 포함된다.[13] 따라서 PEF

---

12) 원래 도입될 당시 명칭은 "사모투자전문회사"였으나, 2015년 자본시장법 개정을 통하여 명칭이 "PEF"로 변경되었다.

13) 엄밀하게 말하면 위 '일정한 용도'에는 경영참여투자 외에 사회기반시설투융자회사가 발행한 증권

가 전환사채나 신주인수권부사채 등에 대한 이른바 '메자닌 투자'를 하는 것은
법률상 허용되지만, 이러한 메자닌 투자는 경영참여투자가 아닌 운용가능투자
에 해당하므로 '2년 규정' 준수를 위한 전환권 또는 신주인수권의 행사가 필요
할 수 있다.

참고로 주주행동주의 펀드가 투자하는 대상회사의 기존 주주가 PEF에 대
하여 임원 지명권을 부여할 가능성은 거의 없을 것이다. 따라서 주주행동주의
와 관련해서는 의결권 있는 지분율 10% 이상이 되도록 하는 투자가 가장 중요
한 재산운용방법이 될 것이다.

2) 운용가능투자

PEF가 재산을 운용하는 것이 허용되기는 하지만, '2년 규정'의 준수 여부를
판단함에 있어서 산입 대상에서 제외되는 재산운용방법을 말한다. 대표적으로
전환사채나 신주인수권부사채에 대한 투자(메자닌 투자)가 이에 해당하고(자본시
장법 제249조의12 제1항 제3호), 그 외에 투자대상기업이 보유하는 부동산 또는 금
전채권 등에 대한 투자도 이에 해당한다. 주주행동주의의 목적이나 투자대상회
사의 기존 주주에 대한 적대적 성격을 감안하면, 운용가능투자는 주주행동주의
를 구사하는 PEF와 다소 거리가 있어 보인다.

3) 잔여재산투자

자본시장법은 PEF가 채택할 수 있는 다양한 잔여재산투자 방법을 규정하
고 있다. 특히 실무상 의미가 있는 잔여재산투자로는 순자산의 30% 범위 내에
서 허용되는 포트폴리오 증권투자(자본시장법 제249조의12 제2항 제3호)와[14] 투자

에 대한 투자와 투자목적회사의 지분증권에 대한 투자가 포함된다(자본시장법 제249조의12 제1항
제5호, 제6호). 그러나 사회기반시설투융자회사가 발행한 증권에 대한 투자는 사실상 사문화되었
고, 투자목적회사의 지분증권에 대한 투자는 당해 투자목적회사가 경영참여투자를 한 경우에 한하
여 위 '일정한 용도'에 포함되므로 사실상 경영참여투자와 동일하다고 할 수 있다.

14) 종류(주식, 사채 등)와 지분율에 관계 없이 증권에 대한 투자가 허용된다. 특히 아래에서 살펴볼
   '6개월 취득규정'과 관계 없이 의결권 있는 지분율 10% 미만의 투자가 가능하다는 점에서 의미가
   있다.

대상기업에 대한 금전 대여(자본시장법 제249조의12 제2항 제4호, 동법 시행령 제271조의16 제5항 제3호)를 들 수 있다. 주주행동주의와 관련해서 큰 의미는 없지만, 포트폴리오 증권투자의 경우 경영참여투자의 보조수단으로 활용될 소지가 있다.

4) 공동투자의 문제

자본시장법은 PEF가 다른 PEF와 공동으로 재산을 운용하는 것을 허용하고 있다(자본시장법 제249조의12 제1항). 이에 따라 특정 PEF가 취득한 투자대상회사의 지분율이 10% 미만이라고 하더라도 재산을 공동으로 운용하는 다른 PEF와의 지분율 합계가 10% 이상이라면 경영참여투자로 인정될 수 있다. 이때 "공동투자"는 (i) 지분증권 등을 공동으로 취득하거나 처분하는 행위, (ii) 지분증권 등을 공동 또는 단독으로 취득한 후 이를 상호 양도 또는 양수하는 행위 또는 (iii) 의결권을 공동으로 행사하는 행위를 할 것을 합의하는 것을 의미한다. 주주행동주의와 관련해서는 기존 주주와의 적대적인 관계와 이에 따른 소수주주 간의 연합 필요성 등을 감안할 때 이러한 자본시장법상 공동투자 방식이 유용하게 활용될 수 있을 것으로 예상된다.

한편 PEF가 SPC(special purpose company)인 투자목적회사를 활용하여 투자하면서 다른 PEF나 투자목적회사와 공동투자에 관한 합의를 한 경우에도 위와 같은 자본시장법상 공동투자 관련 조항의 적용을 받을 수 있는지 문제될 수 있다. 실제로 한진칼은 KCGI가 보유한 투자목적회사의 투자방법이 자본시장법을 위반했다고 주장하기도 했다.[15] 자본시장법은 PEF에 대하여 앞서 살펴본 것처럼 공동투자에 관한 조항을 두고 있지만, 투자목적회사에 대해서는 이러한 조항을 두고 있지 않다는 것이 주장의 주된 취지이다.

그러나 이러한 주장은 받아들이기가 상당히 어렵다. 자본시장법은 투자목적회사의 재산운용방법에 관하여 자본시장법 "제249조의12 제1항의 투자를 목적으로" 해야 한다고 규정(자본시장법 제249조의13 제1항 제2호)하고 있는바, 앞서 살펴본 것처럼 자본시장법 제249조의12 제1항에는 엄연히 공동투자에 관한 사

---

15) 김용훈, "한진칼, 3자 주주연합 금감원 조사 요청… 자본시장법 위반", 파이낸셜뉴스(2020. 3. 17.).

항이 포함되어 있다. 더구나 투자목적회사는 PEF에 대하여 허용되는 SPC로서 재산운용에 관한 사항을 포함한 대부분의 사항에 관하여 PEF와 동일한 취급을 받는다. 그런데 공동투자에 관하여 PEF와 투자목적회사를 달리 취급한다는 것은 합리적이지 않고 그럴 실익도 없다. 따라서 투자목적회사 역시 PEF와 동일하게 공동투자에 관한 특례의 적용을 받을 수 있다고 보아야 할 것이다.

나. PEF의 재산운용 관련 준수사항

자본시장법은 PEF의 재산운용에 따른 준수사항으로 (i) 2년 규정, (ii) 6개월 보유규정 및 (iii) 6개월 취득규정을 정하고 있다(자본시장법 제249조의12 제3항, 제4항, 제6항). 2년 규정은 앞서 살펴본 것처럼 사원이 PEF에 출자한 날부터 2년 이내에 출자한 금액의 50% 이상을 경영참여투자 목적으로 사용해야 하는 원칙을 말한다(자본시장법 제249조의12 제3항). 그리고 6개월 보유규정은 경영참여투자를 주된 재산운용방법으로 하는 PEF의 특성상 취득한 증권을 6개월 이상 보유하라는 것이고(자본시장법 제249조의12 제4항), 6개월 취득규정은 PEF가 어느 회사의 지분증권을 취득하면 6개월 내에 경영참여투자의 요건을 충족하라는 의미이다(자본시장법 제249조의12 제6항).

위와 같은 재산운용 관련 준수사항 중 주주행동주의와 관련하여 특히 중요한 의미를 가지는 것은 6개월 취득규정이다. 6개월 취득규정에 따라 PEF는 다른 회사의 지분증권을 취득하면 6개월 내에 의결권 있는 지분율을 10% 이상으로 만들어야 하고(예를 들어 PEF가 어느 회사의 지분을 1% 취득한 경우 6개월 이내에 9% 이상을 추가로 취득해야 한다),[16] 이에 실패하는 경우 6개월 이내에 취득한 지분증권을 처분해야 한다. 일반적으로 주주행동주의 펀드는 상장법인을 대상으로 하는 경우가 많은데, 시장에서 대량의 주식을 일시에 매집하기는 어려울뿐더러 이에 필요한 자금을 한꺼번에 동원하는 것도 쉽지 않다. 이에 따라 대상

---

16) 기존 주주와의 합의를 통하여 임원선임권을 취득할 수도 있으나(자본시장법 제249조의12 제1항 제2호), 앞서 설명한 것처럼 주주행동주의를 구사하는 PEF가 활용하기는 어려운 방법이다.

회사의 주식을 조금씩 점진적으로 취득하는 전략을 구사하는 것이 일반적인데, 이때 6개월 취득규정을 위반하지 않도록 주의할 필요가 있다.

4. 투자자 모집단계에서의 이슈

가. 투자자의 수

1) 사모집합투자기구 관련 투자자 총수 제한

PEF는 사모집합투자기구에 해당하기 때문에 투자자(사원)의 총수에 제한이 있다. 특히 주주행동주의를 구사하는 사모집합투자기구의 경우 지속적인 자금 확보와 이를 바탕으로 한 주식의 추가매집이 필요한 것이 일반적이고, 그 과정에서 투자자(사원) 총수의 제한이 큰 의미를 가지는 경우가 많다. 이러한 투자자(사원) 총수 제한과 관련해서는 (i) "사모"와 관련된 사항과 (ii) "사모집합투자기구"와 관련된 사항으로 나누어서 검토할 필요가 있다.

우선 "사모"와 관련하여 PEF의 투자자가 취득하게 되는 유한책임사원 지분 역시 집합투자증권으로서 증권의 일종이므로, 증권발행에 따른 규제(공·사모, 증권신고서 등)가 적용된다. 사모집합투자기구의 집합투자증권은 사모로만 발행되어야 하므로, 증권 취득의 청약 권유는 49인 이하의 투자자에 대해서만 허용된다(자본시장법 제9조 제7항). 이와 관련하여 전문투자자를 포함한 일정한 범주의 투자자는 청약 권유 상대방을 산정하는데 있어서 합산하지 않는다는 점(자본시장법 시행령 제11조 제1항)에 주의할 필요가 있다.

한편 자본시장법은 위와 같은 증권발행 관련 규제와 별도로 PEF의 사원 총수를 49인 이하로 제한하고 있다(자본시장법 제249조의11 제1항). 그리고 위와 같은 사원 총수를 산정하는데 있어서도 전문투자자 중 일부는 합산에서 제외된다(자본시장법 제249조의11 제3항, 동법 시행령 제271조의14 제1항). 앞서 살펴본 증권 발행 관련 투자자 총수 제한과 비교하면 (i) 증권 취득의 청약 권유 상대방이 아닌 사원 총수 자체를 규제한다는 점과 (ii) 투자자(또는 사원) 총수를 산정함에 있어서 배제되는 전문투자자 등의 범위에서 차이가 있다.

다만 감독당국이 증권 취득의 청약 권유 상대방의 수를 확인하기는 사실상 어렵고[17] 투자자(사원)의 상한 역시 49인으로 동일하기 때문에, 위와 같은 이중적인 규제 체계가 지금까지 크게 부각되지는 않았던 것이 사실이다. 그러나 감독당국이 「사모펀드 체계 개편방향」에서 밝힌 것처럼 사모집합투자기구의 사원 총수를 100인 이하로 확대할 경우,[18] 증권발행 관련 투자자 총수 제한은 49인 이하로 제한되는데 반해 사원 총수는 100인 이하로 확대되기 때문에 위와 같은 이중적 규제 체계가 중요한 의미를 가질 수 있다.[19]

2) 집합투자기구 및 특정금전신탁의 사원 참여

실무상 투자자의 모집 및 관리상 편의 등을 위하여 일정한 투자자를 일단 집합투자기구(흔히 '재간접집합투자기구' 또는 'Fund of Funds'라고 부른다) 또는 특정 금전신탁으로 모은 후 집합투자기구나 금전신탁이 PEF의 유한책임사원으로 참여하는 형태가 자주 이용된다. 이 경우 사원 총수를 산정하는데 있어서 특수한 규율이 적용되므로 주의할 필요가 있다.

우선 집합투자기구의 경우 해당 집합투자기구가 PEF의 지분을 10% 이상 취득하는 경우 PEF의 사원 총수를 산정함에 있어서 위 집합투자기구의 투자자 수를 합산하여 계산하여야 한다(자본시장법 제249조의11 제2항).[20] 나아가 감독당국은 집합투자기구의 PEF에 대한 최초 지분율이 10% 미만이었으나 추후 다른 투자자들의 환매 등으로 인하여 취득비율이 10% 이상 되는 경우에도, 해당 집

---

17) 그럼에도 불구하고 공개적인 집회나 언론 등을 통하여 사모집합투자기구의 투자자를 모집하는 것은 설사 최종적인 사원 총수가 49인 이하라고 하더라도 증권발행 관련 투자자 총수 제한에 위반될 수 있다는데 주의해야 한다.
18) 금융위원회·금융감독원, 「사모펀드 체계 개편방향」(2018. 9.), 10면 참조.
19) 결국 동일한 사모집합투자기구에 투자하는 일반투자자의 총수는 여전히 49인 이하로 제한되지만, 전문투자자의 경우 사원 총수 확대의 수혜를 받을 수 있을 것이다.
20) 이에 따라 공모집합투자기구의 경우 PEF의 지분을 10% 이상 취득할 수 없고 이와 별도로 PEF는 다른 PEF에 투자할 수 없으므로(자본시장법 제249조의12 제1항 제1호), 실무상 PEF에 투자하는 목적의 집합투자기구로는 전문투자형 사모집합투자기구만 활용된다.

합투자기구의 투자자 수를 합산해야 한다는 입장이다.[21]

반면 특정금전신탁의 경우 위와 다른 규율이 적용된다. 집합투자기구가 PEF의 사원으로 참여하는 경우와 달리, 자본시장법은 특정금전신탁이 사원으로 참여하는 경우 사원수 산정에 관하여 별다른 규정을 두고 있지 않다. 다만 감독당국은 이에 관하여 특정금전신탁의 경우 신탁재산(PEF의 출자지분)의 실질적인 운용주체와 운용결과에 따른 위험감수주체가 위탁자라는 점을 들어 특정금전신탁의 지분율과 관계 없이 위탁자 수를 기준으로 PEF의 사원수를 산정해야 한다는 입장이다.[22] 따라서 특정금전신탁이 PEF의 유한책임사원으로 참여할 경우 사원 총수가 49인을 초과하지 않도록 유의할 필요가 있다.

3) 시리즈 펀드 이슈

이른바 '시리즈 펀드'는 원래 공모에 해당하는 집합투자기구를 여러 집합투자기구로 쪼개어 연속적으로 발행함으로써 공모와 관련된 규제를 회피하는 것을 말한다. 최근 주요국 금리연계 파생결합펀드(DLF) 사태와 라임자산운용의 대규모 환매중지 사태의 주된 원인으로 시리즈 펀드 이슈가 부각된 바 있다. 주주행동주의 펀드의 운용사는 통상 지속적인 지분율 확대를 위하여 집합투자기구를 반복해서 설립하게 되는데, 이 과정에서 시리즈 펀드 이슈가 문제될 소지가 있다.

시리즈 펀드를 이용한 공모규제 회피행위 차단은 기본적으로 자본시장법 제119조 제8항에 따라 규율된다.[23] 이는 미래에셋대우가 2016년 15개의 SPC를 이용해 베트남 랜드마크72빌딩 관련 ABS 상품을 771명에게 사모로 쪼개 팔아 문제가 되면서 2017년 10월에 신설되었다. 이에 따르면 (i) 자금조달 계획의 동

---

21) 금융위원회 유권해석(2016. 11. 2.)
22) 금융위원회 유권해석(2017. 10. 25.)
23) 자본시장법 제119조 (모집 또는 매출의 신고)
⑧ 자금조달 계획의 동일성 등 대통령령으로 정하는 사항을 종합적으로 고려하여 둘 이상의 증권의 발행 또는 매도가 사실상 동일한 증권의 발행 또는 매도로 인정되는 경우에는 하나의 증권의 발행 또는 매도로 보아 제1항을 적용한다.

일성, (ii) 증권발행·매도 시기의 근접성(6개월 이내), (iii) 증권 종류의 동일성, (iv) 대가의 동일성을 종합적으로 고려하여 시리즈 펀드에 해당하는지 여부를 판단하게 된다(자본시장법 시행령 제129조의2). 위 조항은 앞서 살펴본 사모집합투자기구 관련 투자자 총수에 대한 이중적 제한 중 증권발행 관련 규제로서, 사모집합투자기구의 사원 총수 제한에 직접적으로 적용되지는 않는다고 볼 소지가 있다. 그러나 자본시장법 제119조 제8항의 취지에 비추어보면 사원 총수 제한 역시 위 조항을 준용하여 해석할 수 있고, 감독당국 역시 시리즈 펀드 문제를 공모규제 회피 관점에서만 이해하고 있는 것으로 보인다.[24]

이에 따라 예를 들면 (i) 하나의 회사채를 투자대상재산으로 편입하고 투자자만 달리하여 6개월 이내에 분리 발행된 다수의 사모집합투자기구나 (ii) 다수의 투자대상재산을 사실상 동일한 비중으로 편입하고 투자자만 달리하여 6개월 이내에 분리 발행된 다수의 사모집합투자기구는 법규위반에 해당될 수 있다.[25] 특정한 기업에 대한 주주행동주의를 위하여 설립된 여러 사모집합투자기구의 경우 (i) 동일한 주주행동주의 실행을 목적으로 한다는 점에서 자금조달계획이 동일하다고 볼 소지가 있고, (ii) 집합투자증권이라는 점에서 발행하는 증권의 종류가 동일하며, (iii) 사모집합투자기구의 속성상 발행인이 수취하는 대가 역시 동일하다고 볼 수 있다. 그러므로 시리즈 펀드가 문제될 소지가 있으므로, 단일한 기업을 대상으로 하는 주주행동주의에 참여하는 여러 사모집합투자기구 간의 설립시기를 6개월 이상으로 조정하는 것이 안전할 것으로 생각된다.

한편 최근에 시리즈 펀드가 여러 차례 문제되면서, 감독당국은 관련 규제를 강화하여 "6개월 내 50인 이상에게 판매되는 복수 증권(펀드 포함)의 경우 기초자산과 손익구조가 동일·유사한 경우 원칙적으로 공모로 판단"하겠다는 입장이다.[26] 그리고 이와 관련하여 자본시장법 시행령 제129조의2의 개정에 대

---

24) 금융위원회·금융감독원, 「고위험 금융상품 투자자 보호 강화를 위한 종합 개선방안」(2019. 12. 12.), 5면 참조.

25) 금융위원회·금융감독원, 「개정 자본시장법령 시행관련 사모펀드 설정·운용시 유의사항」(2018. 4. 25.), 2면 참조.

26) 금융위원회·금융감독원, 「고위험 금융상품 투자자 보호 강화를 위한 종합 개선방안」(2019. 12.

한 입법예고가 2020년 1월 9일에 이루어졌다.[27] 따라서 추후 자본시장법 시행령 개정내용도 함께 참고할 필요가 있다.

4) 단독 유한책임사원 이슈

자본시장법은 PEF의 사원은 1인 이상의 무한책임사원과 1인 이상의 유한책임사원으로 하도록 하고 있다(자본시장법 제249조의11 제1항). 그런데 PEF의 유한책임사원이 1인으로 될 경우 해당 PEF를 30일 이내에 해산해야 하므로(자본시장법 제216조 제3항, 제202조 제1항 제7호), 실제로 PEF의 유한책임사원은 2인 이상이어야 한다.

참고로 감독당국은 PEF의 단독 유한책임사원이 집합투자기구이고 해당 집합투자기구의 투자자 총수가 2인 이상이라고 하더라도, 단독 유한책임사원 이슈와 관련해서는 사원인 집합투자기구의 투자자 총수를 PEF의 사원 총수 산정에 합산하지 않는다는 입장(이에 따라 해당 PEF는 30일 이내에 해당되어야 함)을 밝힌 바 있다.[28] 또한 감독당국은 PEF의 유한책임사원 중 일부의 퇴사 등으로 인하여 유한책임사원이 1인으로 된 경우에도 30일 이내에 이를 해산해야 한다는 입장이다.[29]

나. 투자자 보호 의무

주주행동주의 펀드는 대상회사의 영업현황 외에 기존 주주와의 각종 분쟁과 지분율 경쟁에 따라 투자실적이 결정되므로 일반적인 집합투자기구에 비하여 투자위험이 다소 높아 투자자 보호가 강조될 필요가 있다. 그리고 그와 별개로 최근 주요국 금리연계 파생결합펀드(DLF) 사태와 라임자산운용의 대규모 환매중지 사태를 거치면서 사모집합투자기구와 관련된 투자자 보호 이슈가 어

12.), 9면 참조.

27) 금융위원회, 자본시장과 금융투자업에 관한 법률 시행령 일부개정령안 입법예고(2020. 1. 9.).

28) 금융위원회 유권해석(2019. 3. 13.).

29) 금융위원회 유권해석(2017. 11. 23.).

느 때보다 집중적으로 조명 받고 있기도 하다.[30) 이와 관련해서는 특히 투자자 모집 단계에서 운용사(업무집행사원)가 부담하는 설명의무를 주로 살펴볼 필요가 있다.

자본시장법은 금융투자업자가 일반적으로 부담하는 설명의무에 대하여 규정하고(자본시장법 제47조), 전문투자형 사모집합투자기구를 운용하는 전문사모집합투자업자에게 적용되는 설명의무를 별도로 규정하고 있었다(자본시장법 제249조의4). 그리고 2021년 3월 25일부터 시행되는 「금융소비자 보호에 관한 법률」은 자본시장법상 금융투자상품을 포함한 모든 금융상품의 판매업 또는 자문업에 대하여 설명의무를 부과하였다. 그런데 PEF의 경우 운용사인 업무집행사원은 금융투자업자에 해당하지 않기 때문에 금융투자업자가 일반적으로 부담하는 설명의무가 적용되지 않고, 전문사모집합투자업자에게 적용되는 설명의무 역시 PEF에 대해서는 적용이 배제된다(자본시장법 제249조의20 제1항).

그렇다고 해서 PEF에 대해서는 설명의무를 비롯한 투자자 보호의무가 적용되지 않는다고 볼 수는 없을 것이다. 자본시장법이 PEF와 관련하여 명시적인 투자자 보호의무를 규정하지 않은 것은 PEF가 본질적으로 규제영역 밖에서 참여자들의 사적 자치에 따라 효용을 발휘하는 기구로서,[31) 제도 도입 초기부터 감독당국은 적극적인 시장개입을 하는 대신 시장평판을 주된 규제수단으로 한 것과 관계가 있다. 이러한 점을 감안하면 PEF의 업무집행사원이 부담하는 투자자 보호의무의 법적 근거는 (i) 자본시장법상 업무집행사원에 대하여 인정되는 충실의무와(자본시장법 제249조의14 제5항) (ii) PEF 정관에 통상적으로 반영되는 업무집행사원의 선관주의의무에서 찾아야 할 것이다. 이에 따라 주주행동주의 펀드를 설립함에 있어서 업무집행사원은 잠재적 투자자에게 설명의무를 비롯한 투자자 보호의무를 충실하게 이행하여야 한다.

---

30) 금융위원회·금융감독원, 「고위험 금융상품 투자자 보호 강화를 위한 종합 개선방안」(2019. 12. 12.), 9면 이하 참조.

31) 윤광균, "PEF의 법적 환경과 그 성장에 따른 투자자보호 및 기업지배구조의 과제", 법과 기업 연구 제8권 제2호(2018. 8.), 144면.

다. 신입사원 가입

주주행동주의 펀드의 또 다른 특징 중 하나는 일반적인 PEF에 비하여 신입사원 가입이 비교적 자주 이루어진다는 점이다. 이는 주주행동주의 펀드의 속성상 지속적인 지분율 확대와 이를 위한 추가적인 자금확보가 필요하기 때문이다. 신입사원 가입은 주식회사의 신주발행에 해당한다고 볼 수 있는데, 발행가격 산정 절차가 일반적인 신주발행과 다른 메커니즘으로 이루어진다는데 주의할 필요가 있다.

일반적인 주식회사의 신주발행은 기업가치 평가결과나 주가 등을 감안하여 주당 발행가격을 정하게 된다. 예를 들어 주권상장법인이 제3자배정방식으로 증자를 진행하는 경우, 주당 발행가격은 유상증자를 위한 이사회결의일 전일을 기산일로 하여 과거 1개월 간의 가중산술평균주가, 1주일 간의 가중산술평균주가 및 최근일 가중산술평균주가를 산술평균한 가격과 최근일 가중산술평균주가 중 낮은 가격을 기준주가로 하여 주권상장법인이 정하는 할인율을 적용하여 산정한다(증권의 발행 및 공시 등에 관한 규정 제5-18조 제2항). 그런데 PEF의 경우 위와 같은 객관적 주당 가치를 바탕으로 하는 방식이 아니라 신입사원이 PEF 설립 시점부터 참여한 것과 동일한 상태로 만드는데 초점이 맞추어져 있다. 그리고 이를 위하여 통상 "조정출자금"과 "지연가입금"이라는 개념이 활용된다.

예를 들어 투자자 A와 B가 각각 30억 원을 출자약정하여 60억 원 규모의 PEF를 설립하고 위 PEF가 A와 B로부터 총 60억 원을 납입 받아 투자대상기업에 투자한 후, C가 위 PEF에 신규로 30억 원을 투자하는 경우를 생각해 보자. 이 경우 만약 C가 PEF 설립 시점부터 참여하였다면 A, B, C는 모두 20억 원만 납입하고 출자약정금은 각각 10억 원씩 남게 되었을 것이다. 따라서 C가 20억 원을 납입하고 A와 B에게 각각 10억 원씩 반환하면 C가 PEF 설립 시점부터 참여한 것과 동일한 결과가 될 것이다. 이때 C가 출자하는 20억 원을 "조정출자금"이라고 한다. 그리고 A와 B 입장에서는 PEF 설립 시점부터 C의 조정출자금

납입 시점까지 각각 10억 원을 C에게 빌려준 것과 유사하므로 C는 그 기간에 대한 보상(일종의 이자)을 A와 B에게 지급하게 되는데, 이를 "지연가입금"이라 한다.

결국 PEF에 있어서 신입사원 가입은 신입사원이 PEF 설립 시점부터 참여한 것과 동일한 경제적 효과를 만드는 구조라고 할 수 있다. 이에 따라 신입사원은 PEF 설립 시점부터 신입사원의 출자금 납입 시점까지 PEF 투자대상재산의 가치변동(특히 가치가 상승된 경우)을 다른 사원과 동일하게 누리게 된다. 처음부터 PEF에 참여한 다른 사원 입장에서는 이러한 처리가 부당해 보일 수 있으므로, 통상 PEF의 정관은 신입사원 가입 절차를 까다롭게 하거나(예를 들면 사원 전원 동의나 사원총회 특별결의) 신입사원 가입이 가능한 기간을 제한해 두기도 한다.

5. 이해상충 및 Exit 관련 이슈

가. 이해상충 관련 이슈

앞서 살펴본 것처럼 주주행동주의 펀드는 흔히 지분율 확대를 위하여 추가적인 PEF를 설립·운용하게 된다. 그리고 그 과정에서 업무집행사원(및 그 특수관계인)과 PEF(및 그 유한책임사원) 간의 이해상충 문제가 발생할 소지가 있다. 이에 관하여 자본시장법은 업무집행사원이 "특정 경영참여형 사모집합투자기구나 투자목적회사의 이익을 해치면서 자기 또는 제3자의 이익을 도모하는 행위"를 금지하고 있고(자본시장법 제249조의14 제6항 제4호, 동법 시행령 제271조의20 제2항 제4호), PEF의 정관 역시 이에 관하여 상세한 규정을 두는 것이 일반적이다.

PEF의 정관이 위와 같은 문제를 다루는 방법은 크게 (i) 업무집행사원의 전념의무 관점에서 접근하는 방식과 (ii) 선·후행투자 관점에서 접근하는 방식으로 구분할 수 있다. 우선 업무집행사원의 전념의무와 관련하여, 업무집행사원이 새롭게 PEF를 설립하여 운용할 경우 업무집행사원의 운용능력이 분산되어 기존 PEF에 역량을 집중하기 어렵게 된다. 이에 따라 PEF의 정관은 일반적으로 전념의무에 관한 조항을 두어 출자약정금총액 중 일정비율(통상 50~75%)을 투자하기 전까지 신규 PEF를 설립하는 것을 금지하거나 사원총회의 승인(전원동의 또는 특별결의)을 얻도록 하는 것이 일반적이다. 한편 선·후행투자와 관련하여, 업무집행사원이 PEF 재산을 운용함에 있어서 업무집행사원이나 그 특수관계인이 고유 계정 또는 다른 PEF 등의 계정을 통하여 투자한 기업에 투자를 하는 경우 이해상충이 발생할 소지가 크다. 이에 따라 PEF의 정관은 일반적으로 위와 같은 선·후행투자를 금지하거나 사원총회의 승인(전원동의 또는 특별결의)을 얻도록 한다.

위와 같은 이슈와 별개로 동일한 PEF 내에서 유한책임사원 간의 이해상충이 문제될 수도 있다. PEF가 유한책임사원의 계열회사에 투자하거나 반대로 PEF가 투자한 기업에 유한책임사원 또는 그 특수관계인이 투자하는 경우, 유한책임사원이 다양한 유형으로 구분되어 재산분배순위가 다른 경우 등을 생각해 볼 수 있다. PEF 정관 중에서는 유한책임사원의 지분율이 일정수준(예를 들면 5%) 이상 되는 기업에 대하여 PEF가 투자하는 것을 금지하는 조항을 두는 경우가 종종 있는데, 이러한 조항 역시 유한책임사원 간의 이해상충을 방지하기 위한 조치로 이해된다. 앞서 살펴본 업무집행사원과 유한책임사원 간의 이해상충 문제와 달리 유한책임사원 간의 이해상충 문제는 사원총회의 승인으로 해결할 수 없다는데 특징이 있다. 그러므로 유한책임사원 간의 이해상충은 이를 전면적으로 금지하거나 사원 전원의 동의를 얻도록 하는 것이 일반적이다.[32]

나. Exit 시점 관련 이슈

주주행동주의를 실행함에 있어서 지분율 확대를 위해 여러 PEF가 순차적으로 동일한 투자대상기업에 투자하는 경우가 매우 흔하다. 각각의 PEF는 설립

---

[32] 정준혁, "사모투자전문회사 사원 간 계약의 주요 내용 : GP와 유한책임사원의 이해관계 조정을 중심으로", BFL 제63호(2014. 1), 29면 참조.

시점이 다양하고 투자대상재산을 취득한 시점과 취득가격도 상이하며, 각각의 PEF에 출자한 유한책임사원의 투자시점 및 성격도 서로 다르게 된다. 이에 따라 각 PEF가 보유하고 있는 투자대상재산을 매각해야 할 시점이 올 경우, 어떠한 기준과 우선순위에 따라 해당 주식을 매각해야 하는지 문제될 수 있다.

동일한 업무집행사원이 운용하고 있는 여러 PEF가 동일한 투자대상재산에 투자한 경우, 의결권 행사를 비롯한 투자대상재산의 관리방법과 투자대상재산의 처분방법에 관하여 자본시장법상 구체적인 규정은 마련되어 있지 않다. 물론 자본시장법은 업무집행사원 또는 그 특수관계인과 PEF 간의 거래에 따른 이해상충에 관한 조항을 두고 있지만(자본시장법 제249조의16), 위 조항은 업무집행사원 또는 그 특수관계인과 PEF 간의 직접적인 거래를 적용대상으로 하므로 투자대상재산의 관리나 처분에 적용되기는 어렵다. 또한 PEF의 정관 역시 자본시장법상 이해상충 관련조항에 비하여 더 넓은 제한사항을 규정하는 것이 일반적이지만, 통상 투자대상재산의 관리나 처분에 관한 구체적인 조항을 두지는 않는 것이 일반적이다.

이렇게 보면 동일한 업무집행사원이 운용하는 여러 PEF의 투자대상재산 처분 역시 일반적인 선관주의의무에 따라 해결되어야 할 것이다. 다만 선관주의의무는 일반적인 원칙일뿐 구체적인 사안에 적용하기는 어려울 것이므로, 구체적인 기준으로 다음과 같은 사항을 생각해 볼 수 있을 것이다. 이러한 구체적인 기준은 미리 각 PEF의 유한책임사원과 공유하여, 유한책임사원으로 하여금 어느 시점에 자신이 투자한 PEF가 투자대상재산을 처분할 것인지를 예측할 수 있도록 해야 할 것이다.

1) 각 PEF가 보유하고 있는 투자대상재산의 지분율

PEF가 보유하고 있는 투자대상재산을 처분하는데 적용되어야 할 구체적인 기준으로 가장 먼저 생각해 볼 수 있는 기준으로, 각 PEF가 보유하고 있는 투자대상재산의 지분율을 먼저 생각해 볼 수 있다. 다시 말해 특정 시점에 매각할 수 있는 투자대상재산의 수량을 각 PEF에 그 지분율에 따라 분배하여, 각

PEF로 하여금 동일한 비율의 주식을 매각하도록 하는 것이다. 이렇게 할 경우 업무집행사원으로서는 적어도 각 PEF에 대하여 산술적인 측면에서 평등한 처리를 한 것이 되고, 이러한 업무집행사원의 업무처리를 문제 삼는 유한책임사원이 선관주의의무 위반을 입증하기가 상당히 어려워지게 될 것이다.

그러나 이러한 기본적인 원칙은 다양한 기준에 따라서 구체적인 상황에 따라 보완될 필요가 있을 것이다.

2) 각 PEF의 위험감수성

각 PEF의 설립시기, 투자대상재산을 취득한 시점 및 투자단가, 유한책임사원의 성격 및 투자성향 등이 모두 다를 경우, 각 PEF가 수인할 수 있는 위험의 정도와 이를 통하여 추구하는 수익의 수준 역시 서로 다를 것이다.[33]

예를 들어 주주행동주의 펀드가 투자를 진행하는 기간 동안 투자대상재산의 주가는 대체로 상승했다면, 초반에 투자한 PEF에 비하여 나중에 투자한 PEF는 비교적 높은 투자단가로 투자를 한 경우가 많을 것이고 이러한 PEF에 투자한 유한책임사원은 비교적 위험감수성이 높다고 할 수 있을 것이다. 또한 기관투자자나 법인에 비하여 개인투자자(전문투자형 사모집합투자기구를 통하여 본건 PEF에 투자한 개인투자자 포함)가 위험감수성이 상대적으로 낮은 것이 일반적이다. 아울러 이러한 관점에서 위험감수성을 평가하는 데에는 업무집행사원이 유한책임사원을 모집하는 과정에서 잠재적 투자자에게 제공된 자료(Information Memorandum 등)와 구두로 설명한 내용을 함께 고려해야 할 것이다. 나아가 투자대상재산의 향후 전망도 함께 고려되어야 할 것이다. 이에 따라 주가가 상승할 여력과 가능성이 크다고 판단되면 위험감수성을 고려할 필요가 상대적으로 낮아지는 반면, 주가 하락이 예상된다면 위험감수성을 더욱 중요하게 고려해야 한다.

위험감수성이 높은 투자자라면 더 높은 수익을 기대하면서 투자대상재산

---

33) High-risk / High-return에 가까운 PEF가 있는 반면, Low-risk / Low-return에 가까운 PEF가 있을 것이다.

을 계속 보유할 여지가 있겠지만, 위험감수성이 낮은 투자자일 경우 수익이 다소 낮더라도 조속히 처분해야 할 필요성이 크다. 그러므로 투자대상재산을 처분하는 경우, 각 PEF의 위험감수성을 중요한 판단요소로 평가할 필요가 있다. 또한 이와 관련하여 미리 각 PEF의 위험감수성을 평가하고 이를 해당 PEF의 유한책임사원과 공유해 두는 것도 추후 분쟁발생 가능성을 낮추는데 도움이 될 것이다.

3) 처분의 편의성

특정 시점에서 투자대상재산을 처분할 수 있는 기회를 상실할 경우, 추후 투자대상재산을 처분할 수 있는 기회가 다시 올 수 있는지에 관해서도 고려할 필요가 있다. 이와 관련하여, 각 PEF가 보유하고 있는 투자대상재산의 수량, 각 PEF의 남아 있는 존속기간 등이 고려되어야 한다.

예를 들어 주가에 대한 영향이나 증권시장에서 투자대상재산을 매수하고자 하는 투자자의 매수희망수량을 감안하면 한꺼번에 투자대상재산을 대량으로 매각하기는 쉽지 않을 것이다. 그러므로 투자대상재산을 대량으로 보유하고 있는 PEF의 경우 처분할 수 있는 기회가 왔을 때마다 이에 응해야 할 필요가 높다고 볼 수 있다. 반면 보유하고 있는 투자대상재산의 수량이 많지 않은 PEF의 경우 상대적으로 처분이 용이할 것이기 때문에, 처분의 편의성을 고려할 필요가 상대적으로 낮을 것이다.

남아 있는 존속기간 역시 처분의 편의성 관점에서 고려되어야 한다. 존속기간이 상대적으로 짧은 PEF의 경우 그렇지 않은 PEF에 비하여 서둘러 보유하고 있는 투자대상재산을 처분해야 할 필요성이 높다.

4) 업무집행사원의 이해관계

업무집행사원은 PEF로부터 관리보수 및 성과보수를 얻게 되므로, 투자대상재산의 처분시점 및 조건에 대하여 업무집행사원 역시 중요한 이해관계를 가지게 된다. 예를 들어 업무집행사원으로서는 (i) 관리보수율이 높은 PEF에 비하여 관리보수율이 낮은 PEF가 보유하고 있는 투자대상재산을, (ii) 남아 있는 존속기간이 긴 PEF에 비하여 짧은 PEF가 보유하고 있는 투자대상재산을, (iii) 성과보수의 기준수익률(huddle rate)이 낮은 PEF에 비하여 높은 PEF가 보유하고 있는 투자대상재산을 먼저 처분하고자 하는 유인이 있을 것이다.

투자대상재산의 처분시점과 조건이 위와 같은 유인과 동일한 방향으로 결정된다면 업무집행사원으로서는 선관주의의무 위반의 의심을 받게 될 소지가 커질 것이므로, 위와 같은 유인과 반대 방향으로 결정하는 것이 선관주의의무 위반에 따른 분쟁에서 유리하게 작용할 가능성이 클 것이다. 물론 이러한 기준이 핵심적인 사항이라고 하기는 어렵지만, 다른 기준과 함께 고려할 필요가 있다.

6. 결 론

국내에서는 일반적으로 주주행동주의 펀드를 바라보는 관점이 곱지만은 않았던 것이 사실이다. 이러한 부정적 시각은 주로 국내 대기업을 공격한 해외 주주행동주의 펀드에[34] 대한 좋지 않은 인상 때문일 수도 있고, 신자유주의와 함께 세계적으로 유행한 이른바 '주주 자본주의' 나아가 '연기금 자본주의'에 대한 반발과 우려 때문일 수도 있다. 그런가 하면 최근 KCGI가 운용하는 PEF가 한진칼에 대하여 진행하고 있는 주주행동주의가 크게 부각되면서, 어느 때보다 주주행동주의 펀드가 세간의 관심을 끌고 있기도 하다.

저자는 개인적으로 주주 자본주의나 연기금 자본주의가 바람직하다고 보지는 않지만, 적어도 현재 시점에 국내에서 주주행동주의 펀드가 주는 긍정적인 효과가 적지 않다고 본다. 재벌그룹에 경제력이 집중되어 있는 구조를 개선하기 위하여 공정거래위원회를 중심으로 한 다양한 공적 규제가 있었지만, 정부 규제를 통한 경제구조 개선에는 한계가 있을 수밖에 없다. 시장원리를 통하여 자연스럽게 재벌그룹 중심의 경제구조를 개선하는 것이 바람직할 것이고,

---

34) SK그룹을 공격한 소버린, 삼성전자와 현대자동차를 공격한 엘리엇 등을 들 수 있다.

이러한 관점에서 주주행동주의 펀드가 할 역할이 매우 클 것이다.

　더욱이 코로나19 팬데믹 상황에서 ESG(environment, social, governance) 활동 투자가(activist investor)의 투자가 가파르게 성장할 가능성이 크다는 점도 고무적이다. 코로나19 팬데믹이 지나면 활동 투자가가 제조업 생산라인 폐쇄, 재택근무, 온라인 수업, 여행 감소로 배출가스가 감소한 것을 기회 삼아 이를 어젠다로 내세우고 변화를 촉구하고 나설 수 있다는 것이다.[35] 추후 기업지배구조뿐만 아니라 환경, 빈부격차, 노동 등 다양한 분야에서 활약하는 주주행동주의 펀드가 설립되기를 기대해 본다.

---

35) Jason Schenker, "코로나 이후의 세계", 미디어숲, 2020, 171면 참조.

참고문헌

1. 단행본

법무법인 지평 PEF 실무연구회, "PEF(경영참여형 사모펀드)의 이해", 박영사, 2016.
Jason Schenker, "코로나 이후의 세계", 미디어숲, 2020.

2. 논문

안수현, "주주행동주의(Shareholder Activism)의 순기능 강화를 위한 몇 가지 논의", 경영법률 제30권 제3호(2020. 4.).
윤광균, "PEF의 법적 환경과 그 성장에 따른 투자자보호 및 기업지배구조의 과제", 법과 기업 연구 제8권 제2호(2018. 8.).
정준혁, "사모투자전문회사 사원 간 계약의 주요 내용 : GP와 유한책임사원의 이해 관계 조정을 중심으로", BFL 제63호(2014. 1.).
최준선, "주주행동주의에 대한 대응 방안", 기업법연구 제33권(2019. 9.).
황인학, 최승재, "주주행동주의, 국민연금과 스튜어드십 코드", 기업법연구 제33권 (2019. 6.).

3. 기타

김용훈, "한진칼, 3자 주주연합 금감원 조사 요청… 자본시장법 위반", 파이낸셜뉴스 (2020. 3. 17.).
금융감독원 보도자료, 한국형 헤지펀드 관련 보고절차 및 서식 등 제정(2011. 12. 6.).
금융위원회·금융감독원, 「개정 자본시장법령 시행관련 사모펀드 설정·운용시 유의사 항」(2018. 4. 25.).
금융위원회·금융감독원, 「사모펀드 체계 개편방향」(2018. 9.).

금융위원회·금융감독원, 「고위험 금융상품 투자자 보호 강화를 위한 종합 개선방안」
  (2019. 12. 12.).

금융위원회·금융감독원, 「사모펀드 현황 평가 및 제도개선 방안(최종안)」(2020. 4. 27.).

찾아보기

공저자 약력

Part 1

문수생

서울대학교 법과대학 졸업
서울대학교 법과대학원 석사과정 졸업
미국 University of California at Davis (UC Davis) Visiting Scholar
사법연수원 제26기 수료
1997 – 1999 인천지방법원 판사
1999 – 2001 서울남부지방법원 판사
2001 – 2005 창원지방법원 판사
2005 – 2008 서울남부지방법원 판사
2008 – 2010 서울고등법원 판사
2010 – 2012 서울서부지방법원 판사
2012 – 2013 광주지방법원 부장판사(구례곡성 선거관리위원회 위원장)
2013 – 2016 인천지방법원 부천지원 부장판사
2014 – 2016 부천시 소사구 선거관리위원회 위원장
2016 – 2018 서울남부지방법원 부장판사
(현) 고려대학교 법학전문대학원 겸임교수
　　　법무법인(유) 지평 파트너변호사 / 위기관리팀 팀장

민창욱

고려대학교 철학과 졸업
서울대학교 법학전문대학원 졸업
미국 U.C. Berkeley Goldman School of Public Policy, Master of Public Affairs (MPA)
서울대학교 법과대학원 박사과정 재학 중(헌법)
제1회 변호사시험
2013 남북경협법률아카데미 수료
2014 대한변호사협회 입법·행정아카데미 수료
2015 서울지방변호사회 인권위원
2021 UC버클리 로스쿨 최고위과정 Sustainable Capitalism & ESG 수료(제1기)
(현) 서울대학교 노동법연구회 회원
　　　한국헌법학회 회원
　　　법무법인(유) 지평 파트너변호사

박봉규
　연세대학교 경영학과 졸업
　서강대학교 법학전문대학원 졸업
　서강대학교 일반대학원 법학과 박사과정 재학 중(신탁법)
　제6회 변호사시험
　법무법인 세연 변호사

　(현) 법무법인(유) 지평 변호사

Part 2

장영은
　고려대학교 경영학과 졸업
　고려대학교 대학원 석사과정 졸업(경영학)
　미국 Michigan State University 경영대학원 석사과정 졸업(재무학)
　제32회 공인회계사 시험
　1997－2000 안건회계법인 근무
　2000－2002 이룸컨설팅 근무
　2002－2005 코스닥증권시장 근무
　2005－2018 한국거래소 코스닥시장본부 공시부, 총무부(재무회계), 기획부 근무 / 한국거
　래소 유가증권시장본부 공시부(기업심사), 상장부 팀장

　(현) 법무법인(유) 지평 전문위원·공인회계사

안중성
　연세대학교 행정학과 졸업(법학과 이중전공)
　연세대학교 대학원 법학과 졸업(법학석사, 자본시장법 전공)
　사법연수원 제42기 수료
　2013－2014 대한법률구조공단 인천지부 공익법무관
　2014－2015 금융위원회 규제개혁법무담당관실(파견) 공익법무관
　2015 제57회 사법시험 제1차 시험, 제5회 변호사시험 검토위원
　2015－2016 공정거래위원회 송무담당관실(파견) 공익법무관

　(현) 한국증권법학회, 한국금융법학회, 금융감독법연구회 정회원
　　　금융투자협회 금융투자교육원 강사
　　　금융투자협회 금융투자교육원 교과분석위원
　　　법무법인(유) 지평 파트너변호사

Part 3

이병주

서울대학교 법과대학 졸업

네덜란드 Leiden University LL.M (Advanced Studies Programme in European and International Business Law)

미국 University of Southern California LL.M.

서울대학교 법과대학 전문분야 법학연구과정 수료(공정거래법)

사법연수원 제 34기 수료

2005－2008 공익법무관

(현) 한국유럽학회 회원

　　　한국경쟁법학회 회원

　　　서울대학교 경쟁법센터 회원

　　　법무법인(유) 지평 파트너변호사

이종헌

서울대학교 법과대학 졸업

서울대학교 법학전문대학원 졸업

미국 UC Berkeley School of Law LL.M.(법학석사)

서울대학교 법과대학원 박사과정 수료(행정법)

제3회 변호사시험

2014－2017 법무법인(유한) 대륙아주

(현) 행정법이론실무학회 회원

　　　한국공정경쟁연합회 시장경제교육원 강사

　　　법무법인(유) 지평 변호사

Part 4

서준희

서울대학교 법과대학 졸업

미국 California Los Angeles(UCLA) Law School LL.M.(법학석사)

사법연수원 제39기 수료

2012－2014 서대문세무서 국세심사위원

(현) 법무법인(유) 지평 파트너변호사

곽은비

고려대학교 정치외교학과 졸업
서울대학교 법학전문대학원 졸업
제5회 변호사시험

(현) 법무법인(유) 지평 변호사

Part 5

김동아

서울대학교 법과대학 졸업
미국 University of California at Berkeley(UC Berkeley) Visiting Scholar
사법연수원 제24기 수료
1995－1998 공군법무관
1998－2000 서울지방법원 의정부지원 판사
2000－2002 서울지방법원 동부지원 판사
2002－2004 광주지방법원 목포지원 판사
2002 전남 함평군 선거관리위원회 위원장
2004 광주고등법원 판사
2005 서울중앙지방법원 판사
2006－2007 서울고등법원 판사
2007 사법연수원 연구법관
2008－2010 대법원 재판연구관
2010－2012 대전지방법원 부장판사
2012－2015 사법연수원 교수
2015－2018 서울중앙지방법원 부장판사
2018－2019 서울남부지방법원 부장판사

(현) 서울특별시 교육청 교권보호위원회 위원
　　서울대학교 법학전문대학원 겸임교수
　　대한상사중재원 중재인
　　서울주택도시공사 SH인권센터 인권센터장
　　법무법인(유) 지평 파트너변호사

이유진

고려대학교 경영학과 졸업(정치경제법 융합 이중전공)
고려대학교 법학전문대학원 졸업
제6회 변호사시험

(현) 한국증권법학회 회원
　　법무법인(유) 지평 변호사

Part 6

채희석

서울대학교 법과대학 졸업
러시아 모스크바 국립국제관계대학교(МГИМО / MGIMO) 법과대학원 법학석사(금융·조세법) / 우등졸업(Диплом с Отличием / Diploma with Honors)
북한대학원대학교 박사과정(북한법·행정 전공) 수료
사법연수원 제32기 수료
2006 육군법무관(고등검찰관)
2013 러시아 변호사회(Ассоциация Юристов России / The Association of Lawyers of Russia) 회원
2015－2017 한국기술진흥원 대한민국 기술사업화 자문단 자문위원
2015－2018 법무부 해외진출 중소기업 법률자문단 자문위원
2017－2019 북방경제협력위원회 에너지전문위원회 전문위원
2018－2019 통일부 교류협력 법제도 자문회의 자문위원
2006－2019 법무법인(유) 지평 파트너변호사

(현) SK SUPEX추구협의회 법무지원팀 담당 부사장

김진하

고려대학교 법과대학 졸업
고려대학교 법학전문대학원 졸업
제4회 변호사시험
2015－2018 해군법무관

(현) 법무법인(유) 지평 변호사

지평 ESG총서 1

주주행동주의와 스튜어드십 코드

초판발행	2021년 3월 15일
중판발행	2022년 10월 20일
지은이	법무법인(유한) 지평 스튜어드십 코드 TF
펴낸이	안종만·안상준
편 집	우석진
기획/마케팅	조성호
표지디자인	이미연
제 작	고철민·조영환
펴낸곳	(주) 박영사 서울특별시 금천구 가산디지털2로 53, 210호(가산동, 한라시그마밸리) 등록 1959. 3. 11. 제300-1959-1호(倫)
전 화	02)733-6771
f a x	02)736-4818
e-mail	pys@pybook.co.kr
homepage	www.pybook.co.kr
ISBN	979-11-303-3848-4 93360

copyright©법무법인(유한) 지평 / 스튜어드십 코드 TF, 2021, Printed in Korea

정 가   19,000원